AF390394

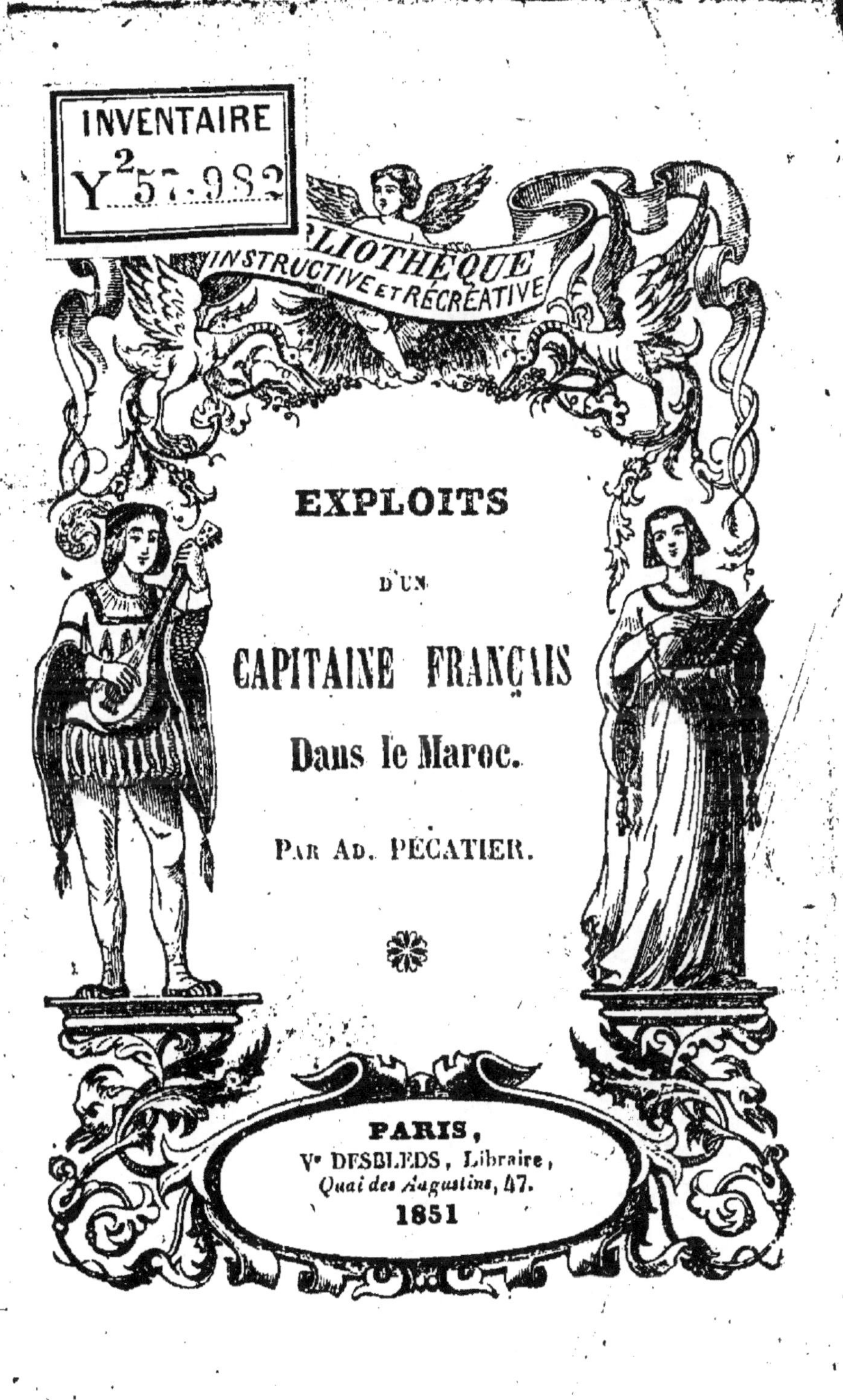

EXPLOITS

D'UN

CAPITAINE FRANÇAIS

Dans le Maroc.

PAR AD. PÉCATIER.

❊

PARIS,
Vᵉ DESBLEDS, Libraire,
Quai des Augustins, 47.
1851

EXPLOITS

D'UN

CAPITAINE FRANÇAIS

DANS LE MAROC,

Faisant suite aux Aventures d'un Officier en Afrique.

Par AD. PECATIER.

PARIS,

Mme V DESBLEDS, LIBRAIRE,

QUAI DES AUGUSTINS, 47.

—

1851.

EXPLOITS
D'UN CAPITAINE FRANÇAIS
DANS LE MAROC.

———

Tout le monde connaît les aventures de Victor, jeune soldat français, qui gagna si rapidement les épaulettes de capitaine en se battant contre les Arabes. On sait aussi que s'il fit briller son courage et son patriotisme, de la manière la plus éclatante, il donna à son nom le plus louable retentissement, en sauvant seul, des mains ennemies, une jeune Française, qui, sans son magnifique dévoûment, allait être livrée aux horreurs de leurs infâmes brutalités. Ce beau trait, auquel il doit la moitié de sa gloire, entraîna d'abord contre lui une condamnation capitale, pour le punir d'avoir abandonné son poste ; mais cette rigueur utile de la loi, qui sans cesse doit avoir son cours, fut bientôt remplacée par un enthousiasme mérité ; et Victor, recevant sa grâce du roi au moment même, et sur le terrain où ses camarades en pleurs visaient sa poitrine, obtint, de plus, deux autres récompenses, l'épaulette de capitaine, et la main de Clara, fille aussi vertueuse que belle. Le père de la jeune Française voulut, à l'exemple de la patrie, honorer le courage en donnant à son libérateur ce qu'il avait de plus cher au monde. C'est ainsi que Victor, à deux doigts d'une mort en apparence inévitable, non-seulement en vit l'arrêt annulé, mais se trouva délicieusement enchaîné à la vie où tant de bonheur et de gloire l'attendait désormais.

Lié à la plus tendre épouse, qui, le jour de son mariage, avait reçu un riche patrimoine, il quitta les armes, non sans regret, quoique, pourtant, il eût payé sa dette à la patrie de la manière la plus honorable. Mais, en se dépouillant de son cher uniforme, il fit à son drapeau et à ses camarades le serment de reprendre du service le jour où son pays aurait besoin de son bras.

Ce serment, Victor l'a tenu. Vivant depuis quelques années dans les douceurs d'une union remplie de charmes, adoré des siens, respecté de tous, il coulait les jours les plus tranquilles ; et le ciel ayant couronné ses vœux les plus chers, il était devenu père du plus bel enfant, lorsqu'il apprit la nouvelle des troubles qui agitaient une partie de l'A-frique. La témérité des Marocains et leurs apprêts de guerre, son amour pour la patrie et pour la gloire, et surtout le serment solen-nel qu'il avait fait naguère, enflammèrent son âme d'une généreuse ardeur, et, sans hési-ter un moment, il adressa une demande au ministre de la guerre, qui, émerveillé d'une ambition si belle, l'autorisa à endosser de nouveau l'habit militaire.

Victor fut au comble de la joie : il allait

revoir ses compagnons d'armes, sa bannière trouée et noircie par les balles ennemies; il allait fouler de nouveau le sol plus d'une fois arrosé de son sang, et où les plus beaux jours de sa vie s'étaient écoulés.

Mais avant son départ, une terrible épreuve lui était réservée : il fallait faire comprendre au cœur sensible d'une jeune épouse la nécessité d'une séparation et opposer aux plaintes légitimes de l'amour, la voix de l'honneur et du serment. Clara, qui était loin de s'attendre au cruel divorce auquel elle allait être condamnée, savourait avec délice le bonheur qu'elle goûtait auprès de Victor, lorsque celui-ci, arrivé au moment suprême, se vit enfin obligé de parler de son départ. A cette nouvelle, Clara pensa s'évanouir; son pauvre cœur se resserra, et sa langue, comme pétrifiée, ne put proférer aucune parole. La fermeté de Victor éprouva, à ce tableau, une violente secousse, et elle en eût été infailliblement ébranlée, s'il n'eût pas eu un amour aussi violent pour la gloire. Il sut heureusement commander à ses émotions et conserver l'empire de son âme au généreux sentiment qui la dominait.

— Tendre amie, dit-il, je respecte ta douleur ; mais je ne reconnais plus Clara, à la faiblesse qu'elle déploie... Qu'est devenu ton courage qui jadis te faisait admirer le mien ?.. Ne serais-tu plus cette femme d'autrefois, chez qui l'honneur du pays parlait si haut, et qui me disait que, sensible à mon amour, elle ne l'était pas moins à mon patriotisme ?.. Veux-tu donc qu'aujourd'hui je devienne parjure ? que je foule aux pieds le serment solennel que j'ai fait, et que, sourd à la voix de mes camarades, qui m'appellent, je reste froidement à tes côtés pour te ménager quelques larmes ?.... Clara, lorsque je te sauvai la vie, ton salut fut pour moi la plus douce des récompenses, et t'avoir arrachée des mains des barbares me paya bien largement d'une action que l'humanité me commandait. Elle m'attira pourtant les épaulettes de capitaine !... Mais ces épaulettes, je ne les ai pas méritées, et je dois à ma patrie un peu de mon sang ou de celui des Arabes, pour les regarder comme un juste salaire... Je vais donc partir... Laisse mon épée briller une fois encore dans une bataille; laisse-moi terrasser quelques ennemis, cueillir quelques lauriers de plus, et alors, capitaine à juste titre, je reviendrai soudain t'en offrir une couronne. Ton obéissance sera pour moi la plus douce preuve de ton amour.

Un pareil discours opéra sur Clara le changement le plus favorable. Elle admira dans son époux des sentiments aussi généreux et eut la force de puiser dans son âme des raisons capables de combattre sa sensibilité.

— Pars, puisqu'il le faut, dit-elle; et que ton prochain retour me procure l'orgueil d'embrasser un vainqueur!... J'aime ton amour; mais j'aime aussi ta gloire, puisqu'elle doit rejaillir sur moi... Pars; la patrie passe avant ton épouse... Songe seulement au doux fruit de notre union, et que ses charmes naissants, dont tu dois être si fier, te fassent bientôt revenir vers lui.

Victor admira la fermeté de Clara, et se disposa au départ avec plus de courage ; car, avouons-le à sa louange, ce n'était que par une noble bravade qu'il se raidissait contre les inspirations de la nature ; et cette nature, dont la voix retentit dans tous les cœurs, trouvait aussi son écho dans le sien. Il aimait tendrement, et la possession de Clara était pour lui le plus beau des trophées ; mais le mérite qu'il avait, et qui est assez rare pour qu'on le cite, c'est que son amour, tout violent qu'il était, n'entrait jamais en balance avec l'accomplissement d'un devoir, et que baisers, caresses, larmes et priéres, ne parlaient jamais dans son âme aussi haut que l'honneur.

Lorsque tous ses apprêts furent terminés, il revêtit avec joie son uniforme, et se disposait à le compléter en y adaptant les insignes de son grade et de l'honneur, lorsque

Clara attentive, et qui voulait en avoir l'orgueil, saisit avec empressement ces gages de vaillance, et, fière d'appartenir à un noble défenseur de la patrie, voulut les placer de sa propre main chacun à sa destination.

— Tiens, dit-elle en versant des larmes, mais des larmes d'attendrissement, reçois de ton épouse cette épée dont elle est si fière, et puisse-t-elle, dans le combat, préserver des jours qui me sont mille fois plus chers que les miens... L'Arabe, en la reconnaissant, fuira devant elle ou ne la bravera pas impunément. Que j'attache à ton habit ces épaulettes sacrées pour moi, et que tu gagnas en me sauvant la vie... Comme elles te parent, cher Victor, et que j'aime à te voir ainsi ! comme leur éclat se marie noblement à l'éclat et à la vivacité de tes yeux, à l'expression de ton visage... Oh ! pour t'orner si bien, je mérite, je crois, un baiser...

Et Victor soudain en donna quatre.

Clara, déguisant de son mieux l'émotion qu'elle ressentait, tira d'une petite boîte la croix d'honneur qui devait faire le complément de la toilette de Victor, y déposa un baiser et une larme, et la plaça sur le cœur de son époux qui battit violemment à son contact.

— Ami, dit-elle, en se levant sur la pointe de ses pieds, que je suis fière de toi, de ta gloire et de ton amour!... Il ne te manque plus rien maintenant : tu peux partir... Cette croix brillante qui décore ton sein, ce noble prix de ton courage te servira de talisman et enchainera la victoire à tes côtés... Oh! va, mon cœur me le dit; elle te portera bonheur. Mais, ce qui ne t'en portera pas moins, ce sont les caresses d'un ange, aussi pures que sont puissantes les bénédictions du ciel.

Et, prenant dans ses bras le blond Ferdinand, son petit enfant aux yeux si doux, à la bouche aussi jolie, aussi fraîche qu'une rose, elle le laissa un instant folâtrer sur le sein de son père et jouer avec sa croix et les franges de ses deux épaulettes. Les trois bouches restèrent quelques instants réunies, l'une dérobant sur l'autre le baiser qu'elle venait de recevoir. Deux yeux seulement ne pleurèrent pas ; les autres versèrent quelques larmes brûlantes, et Clara essuyait encore les siennes , et cherchait à se rendre maîtresse des sanglots qui, malgré elle, s'exhalaient de sa poitrine, que Victor, peut-être plus faible qu'elle, et craignant de ne plus être enfin égal à lui-même, avait déjà descendu l'escalier de son habitation, et s'éloignait sans oser tourner la tête, de peur que l'aspect d'un asile où étaient ses amours n'amollit encore plus son courage.

Clara , seule avec son enfant , trouva cruels les premiers moments d'une séparation à laquelle elle avait pourtant préparé son cœur ; mais , s'animant de sa première énergie, elle maîtrisa sa douleur , et résolut, en attendant le retour de son époux , d'en trouver l'image, et même la présence, dans la possession de son cher Ferdinand.

Il est possible, il est probable même, que le sentiment de la gloire anime aussi les cœurs chez les autres nations ; mais on peut supposer sans orgueil que c'est en France que ce sentiment règne avec le plus d'activité dans les âmes ; il n'est point de sacrifice assez coûteux pour qu'on ne puisse les faire au profit de l'honneur, et la nature même perd pour ainsi dire un instant ses droits, lorsqu'elle vient lutter en nous avec l'élan que nous inspire la patrie en danger. Clara, faible femme, jeune mariée, pleine d'amour et de tendresse, voit la gloire lui ravir ce qu'elle a de plus cher sur la terre ; elle ose se plaindre, elle n'a pas le courage de se taire ; mais la gloire pour la dompter parle aussi à son cœur, le brûle, et l'amour et la tendresse se taisent, et Clara, comme retrempée aux inspirations de l'honneur, regrette, mais sans faiblesse, l'objet dont elle se sépare, déplore, mais veut hâter le départ de son bien-aimé.

Cependant Victor, emporté dans une rapide voiture, dévorait l'espace, et s'acheminait vers la ville où il devait opérer son

embarquement. Lorsqu'il vit le rivage heureux où l'attendait le vaisseau qui devait le
transporter sur le sol africain, son cœur
bondit d'un belliqueux contentement, et la
plus vive impatience s'empara de tout son
être; il profita de quelques instants qui lui
restaient, pour faire part à Clara de son
heureux voyage, et pour lui promettre des
détails plus étendus lorsqu'il serait arrivé au
lieu de sa destination; et, l'âme contente et
pleine d'espoir, il se confia aux flots de la
mer.

Le vaisseau qui le portait vogua avec len-
teur, au gré de ses désirs. Ses yeux, embras-
sant l'étendue, étaient constamment fixés
vers le sol qu'il brûlait d'atteindre. Enfin, il
toucha les bords algériens et s'élança avec
impétuosité sur cette terre chérie, qui deve-
nait pour lui une nouvelle patrie. A son aspect, ses camarades battirent des mains, et
louèrent avec enthousiasme ce dévoûment
volontaire, ce courage vraiment français,
que venait déployer à la face de l'ennemi un

capitaine dont la valeur avait déjà été éprouvée tant de fois, et qui, sans reproches, aurait pu vivre paisiblement dans ses foyers, auprès d'une épouse chérie.

— Et la guerre, mes amis, dit-il après quelques embrassades, qûand donc commencera-t-elle?.. Quand donc punirons-nous de nouveau les Arabes de leur mauvaise foi et de leur témérité?.. J'apporte de bien loin mon épée bien affilée. Malheur à celui qui s'approchera d'elle de trop près!

— Victor, lui dit un capitaine aussi brave, aussi impétueux que lui, on ne t'a pas trompé; toutes nos troupes sont sur pied, et nous n'attendons que le signal du combat pour aller tous gagner des croix ou des épaulettes, et culbuter, pour la centième fois, ces imprudents, que rien, je le vois, ne peut corriger.

Ce capitaine, ainsi que Victor, avait eu un avancement très rapide et passait pour un des plus braves officiers de l'armée. La flamme sortait de ses yeux et sa figure sillonnée par plusieurs coups de sabre, était un éloquent témoigna e de la distance qu'il aimait à garder avec l'ennemi.

Pendant qu'il s'entretenait avec Victor des motifs qui avaient entraîné cette nouvelle guerre, ils virent s'opérer un mouvement général ; la nouvelle du départ pour la campagne venait d'arriver, et nos soldats avaient l'ordre de se diriger vers Tanger ; d'un autre côté, le prince de Joinville, commandant une division navale, s'avançait avec rapidité, porté sur le *Suffren*, et venait avec ses batteries redoutables prêter main forte à notre courage. Les troupes françaises marchaient sur tous les points, et nous présentions, sur mer et sur terre, une défense que le fanatisme seul pouvait braver. Les Marocains, par les perfides conseils d'Abd-el-Kader avaient levé une armée assez imposante ; et, oublieux des nombreuses défaites que les Arabes avaient déjà subies, ils croyaient pouvoir reconquérir en un jour ce qui avait coûté plusieurs combats à notre valeur.

Avant de commencer le feu, le chef des troupes françaises proposa la paix à des conditions que lui permettaient d'exiger nos droits outragés. Malgré leur légitimité, ces conditions parurent trop onéreuses ; on ne nous fit que des réponses évasives ou insultantes, et l'attaque commença : les batteries des Arabes hérissaient les murailles de Tanger, et avaient, on doit le dire, une certaine contenance. Mais la flotte du prince royal était là, et ses canons allaient bientôt vomir la flamme et la mort dans les rangs des révoltés. A huit heures du matin, le *Suffren* ouvrit le feu : l'ennemi lui répondit par une décharge à mitraille ; mais le feu de l'escadre française était si bien nourri et si juste, qu'en très peu de temps il fit taire celui des Maures , et l'on vit bientôt presque toutes leurs batteries en ruines. Tout le succès de cette bataille nous appartint ; nos pertes y furent si minimes, qu'il est inutile de les citer ; celles de l'ennemi furent considérables, et il put apprécier une fois encore l'étendue du danger auquel on s'expose, lorsque, en dépit des traités et de la foi promise, on ose braver la nation française.

Nos soldats avaient eu le bonheur de se signaler sur les flots, et le bombardement de Tanger était une nouvelle offrande de leur courage offerte à la patrie ; mais les soldats de terre, moins heureux que nos marins, n'avaient pu qu'applaudir à ce beau triomphe, et, restés neutres dans cette belle attaque, avaient attendu en vain l'ennemi pour opérer, en le battant, une double victoire. De tous ceux qui déplorèrent de ne pas avoir mis les armes à la main, Victor fut celui qui parut le plus jaloux et qui regretta le plus visiblement de ne pas avoir participé à ce combat. Au bruit de chaque canon, on l'avait vu tressaillir, agiter son épée, encourager les siens et les haranguer comme au moment d'une attaque. Ses yeux cherchaient partout l'ennemi : son patriotisme le mettait hors de lui-même ; mais ce noble transport avait été inutile, et son épée impatiente n'a—

vait pas pu se rougir du sang de l'ennemi. Un élan si généreux n'avait pas été pourtant sans profit, et, à son exemple, ceux qui l'entouraient s'étaient sentis enflammés du même courage , et ce courage devait, dans peu , leur procurer à leur tour une brillante victoire !

Avant de les diriger sur un autre point, le maréchal Bugeaud les passa en revue pour les disposer favorablement à un combat qui, d'après ses savantes et sûres prévisions, allait devenir inévitable. En parcourant les nombreuses lignes qui s'étaient entr'ouvertes pour lui donner un libre passage, il s'arrêta tout-à-coup devant Victor dont l'œil étincelant avait frappé ses regards. A sa tenue, à son air, à son maintien , à son ensemble vraiment militaire, il reconnut facilement ce brave officier qui, quelques années avant, s'était distingué dans plusieurs batailles. Il s'approcha de lui en souriant, et lui prenant la main avec une familiarité touchante :

— Je vous reconnais, capitaine, lui dit-il,

c'est vous que l'armée appelle avec amitié le brave Victor, ce Victor auprès duquel elle a pris si souvent des leçons de courage!.. Vous avez donc voulu la rejoindre pour lui être utile encore par votre exemple et votre bras. Je vous en remercie pour elle et pour la patrie entière, qui depuis longtemps vous compte avec orgueil sur la liste de ses généreux défenseurs. Vous, avez l'air de vous ennuyer sur un terrain où l'ennemi ne se présente pas pour être abattu... Patience! capitaine, sa témérité va bientôt rompre notre inaction, et votre valeureuse épée, que je vois s'agiter dans votre main, brillera bientôt sur la tête de ceux qui nous bravent!..

— Tant mieux! maréchal, dit Victor avec une vivacité qui était l'écho de son âme, tant mieux! mais que l'ennemi se hâte d'arriver, ou hâtons-nous de l'atteindre; car on vient de se battre sous nos yeux, on vient de se couvrir de gloire, et nous n'étions pas là... Nous n'avons eu pour profit dans cette vic-

toire que la fumée de la poudre qui obscur-
cissait nos yeux, et, mille dieux ! ce n'est pas
nous qui brûlions les amorces !.. Voyons,
maréchal, un peu de besogne... Une trop
longue paix rouille les armes !..

Nous en aurons bientôt, dit le maréchal en
s'éloignant de Victor et en lui souriant de
façon à lui montrer toute la confiance qu'il
avait en lui. Après avoir terminé la revue de
ses troupes, il se porta à deux journées de marche dans la direction de l'ouest ; mais l'inten-
sité des chaleurs et la rareté de l'eau le forcè-
rent à revenir au camp de Lalla-Magrenia,
position convenablement retranchée et munie
de constructions qui en faisaient une place de
dépôt et un point d'appui pour les troupes
campées sur la frontière du Maroc. Le maréchal s'était rapproché du camp marocain
pour mieux reconnaître par lui-même les
forces qui s'y trouvaient, et sur la nouvelle
que des cavaliers détachés par Abd-el-Kader
parcouraient ce pays, arrêtaient sur le chemin et assassinaient comme traîtres tous

ceux qui étaient porteurs de dépêches d'un camp à l'autre.

Cependant les forces de l'ennemi grossissaient de jour en jour, et leur attitude et leur mouvements annonçaient clairement que la guerre sainte était prêchée ouvertement dans toutes les provinces. En effet les pourparlers avec le camp marocain n'ayant pas abouti, les conférences furent rompues, et le maréchal, pour empêcher la réunion des troupes ennemies, fit avancer les siennes et les deux armées se rencontrèrent à deux lieues en avant de son camp. Les Arabes prirent l'offensive avec 24,000 chevaux, au moment où nos têtes de colonnes passaient l'Isly. Nous fûmes alors entourés de toutes parts. Mais le danger où se trouvait l'armée française ne fit que grandir son courage et son patriotisme. Bien inférieure en nombre, elle s'aiguillonna elle-même au souvenir de ses victoires passées, et ce souvenir lui fit faire des prodiges. Chefs et soldats tous déployèrent le même sang-froid. Mais que Victor fut brillant dans cette bataille qui doit fournir une si belle page à notre histoire! qu'il fut grand et magnanime au milieu de la mêlée! et qu'il dépassa les hautes espérances qu'il avait données de lui en arrivant une seconde fois sur le sol africain! Les témoins oculaires de ses actions d'éclat pourraient seuls nous dire avec quelque fidélité tout ce qu'il montra de vaillance, et nombrer à peu près les coups mortels qu'il porta aux ennemis. Pressée de tous côtés, l'armée française se battait pour ainsi dire corps à corps et avec un acharnement devant qui rien ne pouvait résister; comme par l'influence d'un génie bienfaisant, le feu des ennemis semblait nous respecter et ne faisait que glisser sur nos armes; tandis que le nôtre, lancé toujours dans une direction sûre, dévorait les rangs ennemis et y portait la désolation et la mort. Un chef arabe, emporté par un courage vraiment français, vient presque à bout-portant défier une de nos sections. Il était presque téméraire de s'avancer vers lui, entouré qu'il était d'une bonne cavalerie que son exemple avait entraînée au milieu du danger. Mais Victor voit dans cette provocation une occasion solennelle d'accomplir ce qu'il a promis et de gagner ses épaulettes de capitaine, qu'il croit avoir trop facilement acquises. En avant! dit-il à sa fidèle et courageuse compagnie, en avant! mes amis, l'honneur est là, et en prononçant ces mots, il dirige la pointe de son épée vers le chef arabe pour montrer à ses soldats le but de leurs balles ou de leurs bayonnettes. La foudre n'est pas plus prompte; Victor et les siens s'élancent comme un torrent. Le coursier du chef arabe en recule comme épouvanté. L'Arabe, pour faire bonne contenance crie : hourra! ce cri de guerre est répété par ses cavaliers. Victor avec sa compagnie leur riposte par ces mots : vive la France! enfin les deux détachements se joignent, se heurtent et la lutte la plus meurtrière s'engage.

Victor qui compte sur les siens, s'inquiète à peine des chevaux qui l'entourent et vise droit au cavalier dont la chute doit être si honorable pour lui. La main droite armée de son épée, et la gauche munie d'un pistolet, il baisse adroitement la tête pour parer un coup que lui porte le chef arabe, perce de part en part avec sa lame victorieuse le poitrail de son coursier qui chancelle et tombe, et décharge son arme sur la poitrine de son téméraire agresseur. Sa brave compagnie que ce succès encourage ne se donne plus le temps de charger les fusils, et avec ses invincibles bayonnettes, achève de terrasser ceux que la peur n'a pas mis en déroute.

Le chef arabe n'était pas mort. La balle qui l'avait atteint, lui avait fait à la vérité une profonde blessure ; mais cette blessure n'était pas mortelle. Victor conduit par une pensée généreuse, mais voulant rester possesseur d'une proie qui fait sa gloire, ordonne à deux des siens de porter sur leurs épaules l'Arabe blessé et revient à son poste escorté de cette honorable capture.

Tandis que Victor, avec une poignée de

soldats luttait contre plus de deux cents cavaliers et leur chef courageux, sur tous les
points de la bataille, les troupes françaises
luttaient avec le même acharnement et obte-
naient les mêmes avantages. Victor qui croit
n'avoir encore rien fait pour la défense et la
gloire de son pays, ne prend pas le temps de
se reposer, et encore hors d'haleine se précipite au plus fort du péril ; son épée toute fu-
mante du sang de ceux qu'il a terrassés, fait
mordre de nouveau la poussière à tous ceux
qui s'opposent à notre passage. Il est partout,
donne des ordres, bat la charge, prend le fu-
sil d'un soldat mourant et le venge avec son
arme sur celui qui l'a frappé. Enfin, il atteint tout ce qu'il vise et semble détourner
loin de lui par un pouvoir magique, la mitraille que l'ennemi vomit de tous côtés. Il ne
lui suffit pas de vaincre et de terrasser des
Arabes qu'il attaque corps à corps ; il faut
aussi qu'il protège les siens et qu'il les sauve
des coups mortels prêts à les atteindre. Son
commandant entraîné par un mouvement

trop impétueux et blessé grièvement à la tête, tombe sous quatre cavaliers et va expirer sans défense ; mais Victor est là. Courage, commandant, s'écria-t-il, nous sommes à vous. Et suivi de trois soldats qui imitent son exemple, il est en un clin-d'œil sur le lieu du danger.

Le croirez-vous, lecteur ? Le commandant fut sauvé sans combat. Le regard de Victor, son impétuosité et son bras agitant son épée avec une dextérité terrible, avaient glacé d'épouvante les quatre cavaliers, et son chef qu'il était venu sauver ne s'était pas aperçu de sa délivrance, que ceux dont il allait devenir la proie inévitable étaient déjà bien loin de lui. Le commandant veut remercier son noble libérateur. Courez faire panser votre blessure, lui dit Victor avec vivacité; car l'armée a besoin de vous; et soudain son cœur affamé de dangers et de gloire cherche une nouvelle occasion de faire briller sa vaillance. Cette occasion est à ses côtés. Victor voit à quelques pas de lui un porte-drapeau français qui, grâce à ce signe glorieux, a rassemblé autour de lui quelques Arabes bien armés qui se disputent entr'eux l'honneur de lui ravir cet emblème de notre vaillance. A cet aspect, ce n'est pas seulement le courage qui anime Victor, mais une rage où se mêlent tous les sentiments que peut inspirer l'orgueil national. Quoi! dit-il, mon cher drapeau serait sali par les mains des Arabes! Plutôt mourir que de subir cette honte.

C'était en courant comme un furieux qu'il proférait ces paroles sublimes. Deux pistolets à deux coups sont à sa ceinture, les quatre balles partent, cela veut dire quatre ennemis de moins à redouter pour son drapeau chéri. Celui qui le porte se relève alors, il cède un de ses pistolets à Victor et cette arme et son épée achèvent la victoire : les téméraires ravisseurs sont terrassés ou en fuite, et notre bannière sans tache revient flotter libre dans les rangs français.

Malgré la confusion qui régnait dans la

bataille, l'intrépide Victor avait été remarqué presque par tous les siens, et son éloge, passant de bouche en bouche, servait d'aiguillon au courage de nos soldats et en donnait aux recrues qui faisaient leur apprentissage sur cette scène sanglante.

Victor va sans doute se reposer de ses nobles fatigues ; car il a donné assez de preuves de sa valeur et ses épaulettes lui sont aujourd'hui noblement acquises. Détrompons-nous. Il ajoute trop de prix au grade et à la confiance dont il est investi pour croire qu'il les a suffisamment mérités par la mort de quelques Arabes. Quelques instants de repos ont délassé son bras qui déjà reprend sa première vigueur.

Le Français était partout victorieux. Les cadavres ennemis jonchaient la terre et les chevaux amoncelés sur les cavaliers devenaient pour les Arabes le spectacle de la plus horrible défaite. Plusieurs canons et plusieurs drapeaux avaient été pris et il ne fallait qu'une dernière attaque pour compléter notre victoire et la déroute des vaincus.

Victor, qui voit dans quelques efforts de plus l'élément du plus beau triomphe, excite les soldats qui sont sous ses ordres, encourage avec sa voix retentissante ceux des autres compagnies, et les enflamme d'une ardeur à laquelle désormais rien ne saurait résister. On l'entend dire avec un sublime enthousiasme : Mes chers camarades, encore une fois en avant, et le champ de bataille nous appartient avec tous les honneurs de la guerre. Montrons à l'Europe qui nous admire, que nous n'avons pas dégénéré de nos pères, et qu'en France la valeur est héréditaire : prouvons que nous sommes les dignes enfants des soldats des Pyramides, et que sur le sol de la patrie un héros qui meurt en fait naître un autre à sa place.

Cependant les Arabes, désespérés de leurs revers mais toujours dominés par la rage du fanatisme, veulent tenter un dernier effort et à leur ralliement, qu'ils opèrent en poussant d'horribles cris, font voir ouvertement l'intention qu'ils ont de tenter une dernière attaque. Victor, impatient, attend le signal et veut encore une fois coopérer à la victoire. L'Arabe le premier recommence le feu et ce feu est terrible: Nous ripostons avec calme mais avec une vigueur qui ébranle encore une fois les rangs ennemis. Alors les cavaliers arabes se précipitent sur nous. C'est un torrent qui déborde mais dont la source est épuisée. Nous, nous attaquons alors avec furie, un désordre inévitable se mêle dans tous les rangs, et les troupes françaises opèrent un massacre immense. Victor, qui veut toujours avoir sa part des lauriers qui se présentent à cueillir, fond avec sa compagnie sur son ennemi de face et y répand la mort. Le premier coup qu'il porte terrasse un cavalier. Il se saisit de son yatagan que la moindre goutte de sang n'a pas rougi encore et quelques minutes lui suffisent pour prouver aux Arabes que le Français sait au besoin se servir de leurs armes. Un téméraire qui, depuis le commencement du combat, a été témoin de sa bravoure et du sang qu'il a fait répandre, donnerait peut-être volontiers sa vie pour pouvoir lui arracher la sienne. Animé du fol espoir de l'atteindre, il fait un mouvement pour le percer de sa lance. Dans son impétuosité, il n'a point mesuré la distance : Victor est trop éloigné de lui, et l'arme, quoique dirigée par un bras aussi habile que vigoureux ne fait qu'effleurer la poitrine de notre capitaine. Par un hasard inoui, la croix d'honneur de Victor, arrachée avec violence de l'uniforme où elle était fixée, reste suspendue à la pointe de la lance ennemie. Mais par bonheur, notre jeune héros s'en est aperçu. Oh! alors il n'a plus d'épouse ni d'enfant et aucune considération ne peut l'empêcher de reconquérir ce noble prix de sa vaillance. Il s'élance sur son involontaire ravisseur, aidé de quelques soldats qui lui prêtent main forte, et son bras, complice de sa fureur, l'a bientôt terrassé. Avant tout il saisit sa croix, cette croix chérie dont rien n'égale le prix à ses yeux, la met dans sa bouche pour ne pas la perdre encore dans la confusion qui règne autour de lui et portant un coup mortel à sa victime : Tiens, dit-il, voilà comment et à quelle distance on frappe son adversaire pour être sûr de l'atteindre. Sa rage, poussée à son comble, ne s'est pas encore éteinte dans le sang qu'il vient de répandre; il fait feu de la main gauche, il sabre de la droite et ne s'arrête que lorsqu'il n'a plus de combattants devant ses yeux. Alors, avant de se réjouir de son propre triomphe, il jette ses regards autour de lui pour voir à quel point en est la victoire pour ses camarades, et des larmes d'orgueil coulent de ses yeux. Il aperçoit les Arabes qui fuyent et tous leurs bagages devenus la proie des Français; les feux ont cessé de toutes parts, les morts et les mourants l'environnent, et parmi tant de visages ensanglantés et livides par le trépas, c'est avec une satisfaction bien vive qu'il reconnait à peine quelques Français ensevelis dans leur victoire. Il se met à genoux, et levant les yeux au ciel : Je te remercie, mon Dieu, de nous avoir prêté ta foudre et le secours de ton invincible bras ; c'est vers toi que remonte la gloire de nos succès ; l'infidèle est terrassé, tu protèges toujours la France.

Jamais nos troupes ne s'étaient distinguées par un succès plus éclatant sur le sol africain : jamais chez les ennemis la déroute n'avait été plus complète et les pertes plus considérables. Nous envahîmes leurs camps, leurs tentes, et enfin toutes leurs positions. Toute l'artillerie et toutes leurs provisions de guerre et de bouche tombèrent en notre pouvoir, ainsi que les boutiques des marchands nombreux qui avaient accompagné l'armée. Tout en un mot devient notre proie. Nous comptâmes 18 drapeaux, 11 pièces d'artillerie, le parasol de commandement du fils de l'empereur et une foule d'autres trophées de la journée. Les Marocains avaient laissé sur le champ de bataille 800 morts, presque tous cavaliers, avec tout le matériel, et comptaient parmi eux 2,000 hommes hors de combat.

Une défaite si humiliante aurait dû leur enlever tout espoir et écraser leur témérité, et cependant sur l'autre rivage de l'Isly, les cavaliers arabes osèrent tenter une nouvelle attaque. Quelques-unes de nos troupes passèrent la rivière, un nouveau combat recommença, la lutte fut vive encore quelques instants ; mais Dieu, ce jour là, avait béni nos armes, et nous repoussâmes de nouveau ce choc avec les plus glorieux avantages. L'ennemi fut repoussé jusqu'à une lieue. Cette fois-ci, la dernière étincelle de son courage s'éteignit, et, convaincu de sa faiblesse et de l'inutilité de nourrir encore quelques espérances, il ne trouva son salut que dans la fuite la plus honteuse, et se partagea en deux corps en se précipitant sur la route de Thaza ou vers les vallées qui conduisent aux montagnes de Béni-Sénassen. Alors les Français cessèrent leurs poursuites et rentrèrent en chantant victoire dans le camp du sultan.

Qu'avait fait Victor sur le champ de bataille depuis qu'il avait déposé les armes? Après s'être réjoui pendant quelques instants du triomphe de la patrie, son cœur avait compris les tristes, mais sacrés devoirs qu'il avait à remplir. Conduit par l'élan de la plus généreuse sensibilité, il s'était empressé de prodiguer des secours aux blessés et de les consoler en leur racontant les succès de la bataille. Ses mains terribles au combat et qui avaient semé la mort, redonnaient la vie aux mourants en pansant leurs blessures avec les soins les plus empressés. Il fallait le voir courir d'un blessé à un autre, et quoique exténué des nobles fatigues qu'il avait supportées, s'oublier lui-même et ne songer qu'au salut de ses camarades.

Ce qui peut faire ressortir le plus la générosité de Victor, c'est le trait que nous allons raconter et que nous ne saurions passer sous silence.

En parcourant le sanglant terrain où il distribuait ses soins fraternels, il arriva à la place où il se trouvait avec ta brave compagnie lorsqu'il faisait des prodiges de valeur. Son oreille entend des cris plaintifs; il s'avance: c'est un Arabe au visage triste et dont la mélancolie annonce une douleur profonde; Victor reconnaît l'ennemi courageux qui s'était avancé sur lui avec ses cavaliers, et dont le malheureux héroïsme avait été trahi par la valeur française. Il s'approche de plus près; l'Arabe qui le reconnaît aussi, et qui à son tour possède le sentiment de la vraie gloire, n'éprouve aucune crainte de celui qui pourtant lui a déjà porté une profonde blessure; il lance au contraire sur lui un regard plein de confiance. Victor est flatté de cette assurance chez un ennemi, qui n'ignore pas la haine que la France professe pour sa nation. « Vous paraissez, lui dit-il, éprouver de cruelles souffrances, et si mes yeux savent lire dans votre âme, sa blessure est plus forte que celle que mon arme a faite à votre poitrine. » L'officier arabe à qui notre langue était familière, poussa un profond soupir. « Je ne regrette pas, dit-il, ce que mon cœur a accompli en ce jour pour ma patrie, et s'il fallait recommencer et que j'en eusse la puissance, ce serait encore avec orgueil et joie que je porterais les armes contre vous ; mais voyez les tristes résultats de la guerre et combien sont heureux ceux qui peuvent vivre loin de ses horreurs ! »

Victor, doué d'une sensibilité extrême, écoutait avec attention le discours de l'Arabe. Celui-ci, après avoir fait un pénible mouvement occasioné par la douleur qu'il ressentait de sa blessure, continua en ces termes :

Enrôlé dans les rangs africains aux dernières expéditions, j'eus le bonheur d'échapper au feu de l'ennemi, et rendu à mes foyers et à mes plus chères espérances, car je revoyais l'objet de mon amour ; je contractai avec la femme de mon cœur une union qui me semblait ne devoir jamais être troublée par le moindre nuage. Cependant, au milieu de la félicité la plus parfaite, je ne fus pas assez ingrat envers ma patrie pour l'oublier et lui ravir le secours de mon bras, et je fis devant mes compagnons d'armes le serment de revoler sous mes drapeaux lorsqu'un nouveau cri de guerre se ferait entendre.

Poursuivez, dit Victor ému jusqu'aux larmes, et qui trouvait son histoire dans le tableau qu'on offrait à ses yeux.

—Je devins père, continua l'Arabe, et ce titre heureux, m'aveuglant sur les dangers de l'avenir, me faisait défier l'adversité, lorsque le tocsin des combats résonna à mon oreille. Ma bien-aimée se désespéra en me voyant obéir à ce signal d'honneur : inutiles larmes ! je partis pour une cause que j'ai toujours crue sainte et que vous auriez été jaloux de servir à ma place, et je disparus en me dérobant à ses baisers et en lui promettant un retour aussi prompt que glorieux. Vous voyez, capitaine, le sort des batailles, il écrase les uns et élève les autres. Avec le même courage que vous, je suis votre vaincu, votre prisonnier, blessé peut-être mortellement;

et, pour comble de malheur, il ne me reste pas le plus faible espoir d'expirer au moins dans les bras de celle que j'aime.

Vous vivrez, reprit Victor, avec un doux accent qui fut un baume sur la blessure de l'Arabe; vous vivrez, et si vous êtes appelé à porter un jour les chaînes de l'esclavage, vous ne les recevrez jamais des mains des Français. Votre courage et vos sentiments me font regretter de ne pas pouvoir vous compter parmi ceux qui, comme moi, ont eu le bonheur de voir le jour sous le beau ciel de France ; mais ne redoutez rien de nos cœurs magnanimes, ils savent honorer, même chez les ennemis, la véritable grandeur ; car, à nos yeux, la vertu mérite des égards, même chez les barbares. Consolez-vous, votre qualité de vaincu vous donne droit à mon amitié; vous, vous êtes bien battu : ma poitrine a senti la secousse de votre lance, et quand on sert si bien son pays, on est au moins digne de le revoir. En vous rappelant ma conduite, lorsque bientôt vous serez libre et guéri, je l'espère, peut-être la légitimité de notre cause déchirera le bandeau qui est sur vos yeux, et, à l'exemple d'un grand nombre de vos camarades, vous donnerez le secours de votre bras à ceux qui sont venus au milieu de vous pour vous donner un peu de gloire et arracher vos armes aux horreurs du fanatisme.

Victor pansa ensuite sa blessure en digne soldat français, et, lui promettant un prompt retour, le laissa sous l'impression de l'admiration la plus profonde.

Ce n'est point une vaine jactance qui venait d'inspirer Victor auprès de l'Arabe blessé; c'était au contraire un véritable sentiment d'humanité et une admiration réelle pour le courage. Pensant qu'il n'avait pas de temps à perdre, il courut trouver ses chefs qui, en le voyant, reconnurent d'abord un des plus braves officiers de l'armée. Ils se disposaient à lui donner les éloges qu'il méritait, lorsque Victor, oublieux de lui-même, leur dit avec l'accent de la confiance:

Je ne viens pas, croyez-le, recevoir des
louanges pour des services que tout soldat
doit rendre à son pays. Tout ce que j'ai fait
est d'un faible mérite, et je me plains au contraire de n'avoir pas pu donner à la France
assez de preuves de mon amour pour elle ;
mais si mes bonnes intentions ont quelque
prix à vos yeux, si tout ce que je désire accomplir encore mérite votre bienveillance,
écoutez ma prière et daignez y sourire : En
parcourant le champ de bataille, mes yeux
se sont fixés sur un chef arabe, blessé presque
mortellement, et dont j'ai eu occasion d'admirer le véritable courage. Attiré par ses
gémissements, j'ai couru panser sa profonde
blessure, et le récit de son histoire qu'il a eu
la force de me raconter a attendri mon
cœur. Les nobles sentiments qu'il professe
me font regretter qu'il n'appartienne pas à
la France. Il m'a supplié de vous parler en
sa faveur ; je lui en ai fait la promesse et je
viens vous supplier à mon tour, de lui rendre
sa liberté. Un ennemi de plus ce n'est pas ce

que redoutent nos armes, et d'ailleurs il ex-
pirera peut-être au moment où il deviendra
libre, et nous aurons la gloire de nous être
montrés magnanimes dans le triomphe.

— Capitaine, dirent ses chefs à Victor: le sort
de celui dont vous plaidez si généreusement
la cause est entre vos mains : disposez de lui
et gardez pour vous seul le beau mérite de
l'action que vous allez accomplir. Rendez à
nos ennemis un chef qui peut leur être utile
encore, et montrez-leur que si nous savons
vaincre, nous savons être humains envers
les vaincus.

L'heureux Victor s'inclina en signe de re-
mercîment, et s'éloigna avec la rapidité de
l'éclair. Bientôt il se trouva auprès de l'A-
rabe qui, épuisé par le sang qui s'était
échappé d'abord de sa blessure, se soutenait
par l'espoir d'être libre et les paroles consolantes que Victor lui avait adressées avant de
le quitter.

— Consolez-vous, lui dit le capitaine français; vous êtes en liberté au milieu de nous, et, bientôt rendu à toutes vos affections, vous trouverez, dans les caresses de ceux qui vous sont chers, la guérison de votre blessure. Je vais donner des ordres pour que vous arriviez sans danger chez les vôtres. Une sûre escorte vous accompagnera. »

Victor disparut un moment, et revint après, suivi de vingt soldats, qui devaient former la suite de l'Arabe. Il fut déposé sur un brancard commode, et s'achemina vers le lieu qu'il avait désigné, après avoir versé des larmes de reconnaissance dans les mains de son libérateur, qu'il tenait dans les siennes.

C'est ainsi que Victor, déjà si fameux par son courage, aimait à se distinguer par les qualités du cœur; car n'allons pas croire que, s'il aimait les combats, c'était pour voir répandre le sang, ou pour faire étalage d'une bravoure téméraire. Il se battait pour l'honneur de son drapeau; il était terrible devant son adversaire, lui faisait mordre la poussière avec une joie inexprimable, parce qu'alors il n'avait devant les yeux que l'intérêt de la patrie, son honneur et sa gloire. Mais quand le feu cessait, quand le cliquetis des armes ne se faisait plus entendre, fixant sur le champ de bataille ses regards attendris, il versait des larmes sur la cruelle nécessité des combats, et maudissait cette fausse gloire qui s'acquiert par l'effusion du sang.

Il avait raison ; car nous ne sommes point nés pour nous livrer des guerres continuelles ; toutes les nations ne devraient former ensemble qu'une seule et même famille. Dieu ne nous a pas mis sur la terre pour nous égorger mutuellement ; et l'ambition seule des hommes et leur sordide égoïsme ont donné naissance à ces combats affreux, qui ont pour mobile presque toujours un faux point d'honneur, et pour risible résultat quelques pieds de terrain au profit des vainqueurs.

Pauvres humains ! vantez donc votre sagesse.

Cependant, le calme s'était rétabli dans le camp français, et le désordre et la confusion, toujours inséparables de la guerre, avaient été bientôt remplacés par cette sage discipline qui règne sans cesse parmi nos troupes. La mémorable victoire que nous venions de remporter, rendait beaucoup de soldats dignes de récompense. On signala ceux qui s'étaient le plus distingués, et les uns reçurent sur leur poitrine la croix du brave, les autres furent investis d'un grade en remplacement de ceux qui étaient morts victimes de leur bravoure. Dans ce glorieux partage, Victor ne fut pas oublié, et fut nommé commandant à l'unanimité.

Ce brave fut ému jusqu'aux larmes en se voyant investi d'un honneur que sa modestie croyait ne pas mériter, et, s'adressant à ses chefs, devant tous ses compagnons d'armes : C'est récompenser trop magnifiquement, leur dit-il, un courage qui, chez moi, n'a pas plus brillé que chez les autres ; et votre honorable bienveillance met le comble à mon orgueil. Mais, tout jaloux que je suis d'en être l'objet, des raisons que vous allez apprécier, m'empêchent d'accepter la noble récompense dont vous daignez me gratifier. Époux et père, j'ai à remplir des devoirs, qui aussi sont sacrés. Je me suis de nouveau rangé sous notre sainte bannière, parce que j'en avais fait le serment ; mais, quand cette belle campagne sera terminée, je reviendrai dans mes foyers, parce qu'aussi j'en ai fait le serment aux objets qui me sont chers. Il serait donc inutile de nommer commandant celui qui, dans quelques mois, dans quelques jours, peut-être, ne fera plus partie de l'armée active, pour priver de ce grade celui qui en est aussi digne que moi, et dont les services et le courage vous sont acquis pour bien longtemps encore.

Alors, frappant sur l'épaule d'un brave capitaine qui se trouvait auprès de lui, et dont, en plusieurs circonstances, il avait admiré le courage héroïque : Voici, messieurs, s'écria-t-il, avec un désintéressement admirable, voici celui que vous devez nommer commandant. Il est jeune, a voué ses jours au métier des armes, et, devant mes yeux, plus d'un Arabe est tombé sous ses glorieux coups. En l'honorant du grade qui m'était réservé, vous récompenserez en lui des hauts faits passés, des succès présents et des services futurs »

— Capitaine, lui répondit-on : il est sans doute bien beau de vous voir négliger votre propre gloire, pour vous intéresser à celle des autres : ce désintéressement est pour vous une gloire de plus ; mais quand la patrie, dont la reconnaissance doit toujours avoir son cours, veut se montrer juste envers vous, votre modestie doit se taire devant sa justice. Vous êtes, dès aujourd'hui, commandant : vos épaulettes de capitaine vont devenir le prix d'un brave lieutenant ; et, pour vous prouver combien nous tenons à vous être agréables, à votre départ de l'armée, nous céderons votre grade à celui qu'aujourd'hui vous choisissiez pour votre remplaçant. Approchez, et recevez de notre main une récompense dont toute l'armée vous regarde comme le plus digne.

Victor s'avança avec une tranquille assurance, et, au bout de quelques instants, on vit briller sur lui l'épaulette de commandant.

Dès qu'on eut décerné les grades, les croix et les éloges à ceux dont la bravoure avait eu le plus d'éclat, on s'occupa de la garde des positions qu'on avait gagnées. A cet effet, on établit çà et là des postes de sûreté pour consolider la victoire qu'on venait de remporter. Le reste de la journée se passa dans le calme le plus parfait, et l'ennemi, découragé par ses revers nombreux et fatigué aussi par les rudes attaques qu'il avait livrées ou soutenues, ne songea pas à faire le mutin.

Le lendemain, le bruit s'étant répandu que quelques Arabes rôdaient à une lieue de notre camp, dans le dessein de détourner notre attention de l'endroit qu'occupait leur corps principal d'armée, Victor fut choisi pour aller, avec trois cents hommes, chasser du territoire conquis cette poignée de rebelles. Cette rumeur était fondée; car, après une heure et demie de marche, il se trouva en présence d'une petite troupe d'Arabes, qui pouvait aussi s'élever à trois cents hommes. Jugeant tout combat inutile, il se borne à faire marcher en avant, persuadé qu'à son approche l'ennemi fuira sans faire feu, lorsque tout-à-coup les Arabes dirigent sur nous une vive fusillade. Victor, dédaignant alors tout ménagement, répond avec vigueur, écrase les révoltés par le feu le plus nourri, et, peu satisfait de les voir plier, et s'enfuir, leur fait une vigoureuse poursuite. Un grand nombre de prisonniers fut bientôt en son pouvoir. Le reste tomba mort sur la place, ou trouva son salut dans la fuite. Mais la joie qu'il devait ressentir de cette petite victoire, fut bientôt empoisonnée par une découverte qu'il était bien éloigné d'attendre. Au moment où, maître de la position, il se disposait à rentrer chez les siens, il aperçut, parmi les prisonniers, une figure dont les traits le firent tressaillir. C'était, hélas ! celle d'un Français. Le misérable avait déserté nos rangs et était passé à l'ennemi. Victor s'approcha de lui, et, saisi de la plus juste indignation : C'est en vain, lâche transfuge, que tu cherches à cacher ta hideuse face dans un manteau qui te déshonore. Je te reconnais, et te maudis au nom de la patrie. Tu étais donc fatigué de porter le beau nom de Français, et de défendre la cause de ton pays. Mais ta lâcheté ne t'a pas porté bonheur. Dans peu, livré à la justice de ceux que tu as abandonné si ignominieusement, tu subiras le châtiment qu'on réserve aux traîtres. Camarades, qu'on le garde à vue, pour qu'il n'échappe pas à notre vengeance !

Le déserteur n'osait lever les yeux. Le remords de son crime et la peur du supplice qui lui était réservé, lui enlevaient presque la force de se soutenir. Connaissant la magnanimité et la bonté du commandant, il demanda à lui parler. Cette faveur lui ayant été accordée, il se mit à genoux, et, tendant les mains vers celui dont il voulait implorer la pitié : Je suis, lui dit-il en pleurant, bien indigne de votre pardon, et mon crime est trop grand pour que je puisse vous inspirer le plus léger sentiment de compassion ; aussi, je ne prétends pas vous demander grâce. Mais si mon repentir sincère vous touche, si les larmes qu'il me fait répandre ont quelque prix à vos yeux, épargnez-moi la honte de mourir à la vue de tous mes compagnons d'armes que j'ai si lâchement abandonnés. Me voici à genoux : ordonnez, je vous en conjure, qu'on tire sur ma poitrine ; la France alors sera vengée, et, en mourant, je trouverai mon trépas trop doux, puisque vous m'aurez épargné l'humiliation d'entendre l'armée entière me maudire.

Victor, dont la bonté était sans bornes, et qui ne laissait jamais échapper l'occasion de faire le bien, le releva lui-même avec douceur, et lui dit, en lui serrant la main : Je crois à la sincérité de ton repentir ; tu vivras, Mais n'oublie jamais ce que tu dois désormais à la patrie. Je ne te retracerai pas l'énormité de ton crime; ton cœur doit t'avoir fait assez de reproches. Tu es jeune, plein de vigueur, et tu comprendras aisément les devoirs que ma clémence t'impose.

En achevant ces mots, Victor continua son chemin, et arriva bientôt dans le camp français, où les plus beaux éloges vinrent couronner la petite victoire qu'il venait de remporter. Il profita de la bonne disposition de ses chefs pour implorer la grâce du déserteur, l'obtint facilement, et alla lui-même l'annoncer au coupable. Celui-ci, ému jusqu'aux larmes, exprima de nouveau son repentir à Victor, et lui renouvela son serment de fidélité, en appelant de tous ses vœux l'occasion d'un combat pour répandre son sang au profit et pour la gloire d'un drapeau qu'il avait eu le malheur de trahir.

Au bout de quelques jours, Victor reçut une lettre, que lui adressait le chef arabe dont il avait pansé la blessure. Elle était conçue en ces termes :

« MON GÉNÉREUX COLLÈGUE,

« Vous m'avez sauvé la vie, et, après ce
« bienfait incomparable, vous m'avez rendu
« à la liberté, à mes chères affections. Rece-
« vez l'expression de ma vive reconnaissance,
« qui ne s'éteindra qu'à mon dernier sou-
« pir. En pansant ma blessure, votre main
« m'a porté bonheur ; car, aujourd'hui, ma
« guérison est presque parfaite. Depuis que
« je vous ai quitté, votre noble conduite à
« mon égard m'a inspiré de mûres réflexions,
« et m'a fait comprendre la légitimité de vo-
« tre cause et les sentiments humains qui
« animent le courage français. Ces réflexions
« m'ont donné du mépris pour le fanatisme
« qui nous conduit, et m'on fait chérir la
« France, à laquelle je veux désormais con-
« sacrer mon bras. Je désire m'enrôler sous
« vos drapeaux et suivre les glorieux destins
« de vos armes. Faites agréer à vos chefs
« l'offre de mes services. Dites-leur que, ja-
« loux de l'orgueil français, je veux le par-

« tager. Demain, j'arriverai dans votre camp
« avec quelques soldats, qui veulent aussi
« combattre dans vos rangs. Mon bonheur
« sera à son comble, si je puis, à mon arri-
« vée, presser sur ma poitrine mon cher li-
« bérateur, et lui jurer autant de dévoûment
« que de constance pour le service inappré-
« ciable qu'il m'a rendu. »

Cette lettre était accompagnée d'une épée
magnifique avec ces mots : « *Au plus brave*
« *et au plus généreux soldat de l'armée fran-*
« *çaise!* »

A la lecture de cette lettre, Victor éprouva
le plus vif contentement, et s'applaudit d'a-
voir rendu à la vie et à la liberté un homme
si digne de vivre et d'être libre ; il en fit lecture à ses chefs, qui admirèrent son pouvoir
moral, même sur les ennemis.

Le lendemain, on vit arriver dans le camp
le chef arabe avec sa petite suite. Victor l'attendait avec impatience. Dès qu'il l'aperçut,
il vola au-devant de lui, le reçut dans ses
bras comme on reçoit un frère, et, après une

chaude embrassade, le félicita de sa généreuse résolution : Vous ne me devez plus rien, lui dit-il, et vous me rendez aujourd'hui, avec largesse, le peu que naguère j'ai fait pour vous. Je suis fier d'avoir donné à ma patrie un défenseur dont je connais la bravoure et les sentiments; et la manière éclatante avec laquelle vous me montrez votre reconnaissance, m'inspire tant d'admiration pour vous, que je crois presque vous en devoir à mon tour. Si tous ceux qu'aveugle encore le fanatisme vous avaient imité en ce jour, votre pays, rendu à la paix, ne serait, plus le théâtre de la désolation et du carnage, et nos deux bannières réunies flotteraient dans les airs en signe d'éternelle alliance. Mon vœu se réalisera peut-être un jour; les arts fleuriront alors au sein de vos tribus désolées, l'heureuse agriculture fertilisera vos campagnes, où le sang coule à flots; vous deviendrez enfin un peuple civilisé, et de sages lois deviendront pour vous le gage du bonheur. Je reçois votre épée avec contentement, recevez, à votre tour, la mienne. Elle n'est point brillante; mais c'est mon cœur qui vous la donne. En passant de mes mains dans les vôtres, elle armera un bras courageux et habile, et ma patrie n'aura qu'à se se féliciter de l'abandon que je vous en fais. Et vous, jeunes soldats, qui, sans doute, avez suivi votre chef sans contrainte, je vous remercie de votre honorable dévoûment. En agissant de la sorte, vous prouvez que vous aimez la gloire et la justice. Mes camarades, qui vont devenir les vôtres, vous recevront avec une joie fraternelle, et vous ne regretterez rien de ce que vous quittez; notre amitié vous en tiendra compte. Venez tous; suivez-moi. Je vais vous présenter à l'armée, et chacun battra des mains en vous voyant.

 Victor avec son escorte s'avança vers ses chefs: Messieurs, leur dit-il, vous voyez devant vous quelques amis qui nous arrivent, et qui sont animés du plus beau zèle pour la défense et l'honneur de notre drapeau. Parmi eux se trouve une personne de distinction que décore un beau grade, et qui vient vous faire hommage de son cœur, de son bras et de ses talents militaires.

Le général français prit à son tour la parole : soyez les bien-venus dit-il, vous qui venez prendre place dans nos rangs, et recevez par ma voix toute la reconnaissance que vous doit l'armée. Dès aujourd'hui vous êtes nos frères, et notre gloire va rejaillir sur vos têtes ; quant à vous qui, pouvant jouir loin de nous des honneurs dus à votre rang, avez compris la sainteté de notre cause et vous associez à nous pour la défendre, croyez que nous ne serons point ingrats envers votre dévouement ; nous occuperons votre courage et vos talents d'une manière digne de vous. Quand l'autre jour nous vous rendîmes à la liberté, nous ne comptions pas sur une si haute reconnaissance, nous bénissons le ciel d'avoir préservé vos jours d'un trépas qui nous aurait privés de vos généreux services et d'un brave de plus. Puissent ceux qui nous restent encore rebelles suivre le bel exemple que vous leur donnez, et comprendre enfin la légitimité de nos droits et l'inutilité de leurs efforts à les combattre.

Après ce discours, les nouveaux enrôlés prêtèrent serment et passèrent sous les drapeaux. Cette imposante cérémonie produisit dans les rangs un agréable et vive impression et fut suivie de quelques airs belliqueux qui mirent tous les soldats en émoi. Mais ce fut Victor qui fut le plus heureux et le plus fêté. C'était justice rendue; car on lui devait tout ce qui se passait ce jour-là; quelques moments après, Victor dit au chef arabe de le suivre, et voulut rester avec lui une journée entière, pour lui prouver les bonnes dispositions dont il était animé pour lui; l'Arabe lui prodigua à son tour les marques de l'amitié la plus sincère en l'appelant à chaque instant son frère et son libérateur.

Le lendemain, on lui donna le commandement de quelques troupes françaises et il ne tarda pas à se distinguer par son courage et son génie militaire; car, après quelques

2*

jours de paix qui avaient suivi notre dernier triomphe, il nous fallut de nouveau mettre les armes à la main. Mogador osa nous résister; alors il fut attaqué d'un côté par nos forces navales et de l'autre par nos troupes de terre. De part et d'autre on déploya un beau courage, les attaques furent vives et, avouons-le, l'ennemi riposta avec une énergie remarquable et soutint courageusement le feu de notre escadre. Mais tout devait céder devant notre drapeau victorieux et les plus sublimes efforts devaient être vains devant notre vaillance : au bout de deux heures et demie le feu des Marocains se ralentit, les deux tiers de leurs pièces furent démontées.

Alors le combat prit une nouvelle attitude: trois bricks entrèrent dans le port et on les fit embosser devant l'île pour en ruiner les batteries. Bientôt le débarquement s'opéra au moyen de canots et de chaloupes sous une fusillade très vive ; alors ce fut une véritable attaque de terre où présida le plus grand acharnement; les habitants de l'île se battirent avec le plus brillant courage. Victor dont l'habitude était de ne quitter un champ de bataille qu'après y avoir laissé les marques visibles de sa vaillance, choisit dans la mêlée l'endroit qui lui offrait le plus glorieux danger à courir. Il aperçut un chef marocain aussi brave que lui qui, désespéré de sa défaite et voulant tenter un dernier et sublime effort, avait pris le rôle de porte-étendard, et essayait de rallier autour de lui ses soldats découragés, en agitant le drapeau sur sa tête. Victor qui ne cherche que la gloire et qui dédaignerait de lutter avec un faible adversaire, choisit le moment où le chef ennemi est le mieux entouré des siens, fait signe à ses soldats de le suivre, et se précipite comme la foudre sur la noble proie qu'il veut saisir. L'attaque est terrible, on se bat pour ainsi dire corps à corps ; Victor dont la nouvelle épée n'a fait encore aucun prodige, cherche à la rougir du sang ennemi et bientôt plusieurs Marocains mordent la poussière. Mais ce n'est rien pour son ambition habituée aux grands exploits. Il commande aux siens de faire feu à droite et à gauche en même temps, pour que le centre ennemi soit plus dégarni de forces; alors il fond de nouveau sur la victime qu'il convoite. Ils se touchent presque ; à la vue du danger qui menace leur chef, les Marocains se pressent autour de lui; Victor désappointé crie : En avant ! perce la muraille qui vient de se former, arrive au but que son œil a marqué, saisit sa proie, tandis que les soldats français dispersent tout ce qui vient s'opposer à la victoire; arrache le drapeau des mains de son illustre prisonnier, et lui fait signe de le suivre.

Je ne te suivrai pas, lui dit le fier Arabe, car je préfère la mort à la honte. Donne-moi quelques pieds de terrain : nous avons chacun notre arme, croisons-les, et si tu l'emportes sur moi, tu pourras alors te flatter de m'avoir vaincu.

Le magnanime et généreux Victor accepte le défi, se sépare de son ennemi de la distance voulue pour un combat singulier et fonce sur

lui, en dirigeant la pointe de sa terrible épée
sur sa poitrine : l'Arabe pare le coup ; Victor,
par un adroit mouvement, attaque son arme
en dessous, force le bras qui la soutient à s'é-
lever aussi ; alors une poitrine à découvert
s'offre à sa vue, et prompt comme l'éclair il
la perce d'outre en outre. L'ennemi frémis-
sant tombe à la renverse et son œil mourant
semble menacer encore son vainqueur.

Ce drapeau m'appartient de droit, dit alors
l'invincible commandant ; qu'en dites-vous,
mes amis ? Il le saisit de la main gauche, et
de l'autre brandissant sa terrible épée, il
poursuit les fuyards pour achever la victoire ;
mais tout n'était point fini et un beau mouvement devait s'opérer encore.

A la vue de leur chef expirant, ceux qui
formaient sa principale escorte, veulent au
moins disputer son cadavre à ceux dont ils
n'ont pu repousser les efforts. Alors ils se
concertent, s'animent en poussant des cris de
rage et nous livrent un nouvel assaut ; la fureur et le courage les transportent et une

poignée de Marocains fait plus alors que n'avaient fait naguère tous leurs camarades réunis ; ce qui double le plus leur intrépidité, c'est la vue de leur étendard qui flotte dans les mains du commandant français. Ils font des prodiges de vaillance, ralentissent le courage de nos soldats par la juste admiration qu'ils inspirent ; mais à la fin, plutôt fatigués que vaincus, ils cessent le combat après avoir laissé quelques hommes sur la place.

Dans cette affaire l'ennemi, quoique abattu, fut brillant d'audace et Mogador fut vigoureusement défendu. Nous y fîmes à la vérité des pertes légères ; mais, hélas ! elles sont toujours grandes lorsqu'après le feu on a à regretter des braves qui méritaient un meilleur sort et qui avaient répandu leur sang pour la gloire de la patrie.

Mais jetons un voile sur ces pensées de deuil ! Si Victor venait de se distinguer dans ce combat, le chef arabe nouvellement enrôlé sous nos drapeaux n'avait pas montré moins de courage. Il s'était fait remarquer par son sang-froid et surtout par la précision des mouvements qu'il avait opérés ; seulement, on n'avait pas vu sur son visage cette joie belliqueuse qui animait nos soldats. Ce sentiment était naturel chez celui qui, pour la première fois, combattait dans des rangs nouveaux contre ceux qu'il aurait voulu voir à ses côtés pour défendre la même cause. Tenons-lui compte de ce regret : c'est celui d'une âme noble et généreuse.

A son retour au camp, Victor fut de nouveau assailli par mille félicitations; chacun ne parlait que de sa bravoure et de sa grandeur d'âme. Pendant que, fatigué du combat, il se disposait à prendre quelques instants de repos, il vit courir vers lui un soldat qui paraissait être dans une agitation extrême. Cette agitation, c'était celle du plaisir. Victor voit à ne pas en douter que c'est à lui qu'on veut s'adresser. Il s'arrête, et bientôt reconnaît sans peine le jeune déserteur français que naguère il avait fait son prisonnier dans un petit combat. Le soldat s'agenouille et d'une voix mêlée de repentir et d'orgueil :

Commandant, dit-il : depuis le jour où vous m'avez pardonné si généreusement mon lâche crime, j'étais honteux de moi-même, et l'excès de votre clémence ne servait qu'à doubler à mes yeux l'énormité de ma faute. J'appelais de tout mon cœur l'occasion où je pourrais vous montrer ma reconnaissance et mes regrets : je l'ai rencontrée aujourd'hui, je me suis battu en désespéré contre ceux qui avaient abusé de mon inexpérience par de perfides conseils et qui m'avaient rendu parjure à mes serments de fidélité. Je me suis vengé sur eux du forfait, qu'hélas ils m'ont fait commettre, et, pour gage de mon repentir je vous apporte vingt oreilles que j'ai arrachées à ces misérables. J'espère commandant que bientôt j'aurai complété la centaine.

Relève-toi, mon brave, lui dit Victor attendri ; un sabreur de ton espèce ne doit pas rester à genoux. Il t'est permis d'être gai le jour de ton triomphe. Tu fus bien coupable sans doute ; mais tu as noblement réparé ta

faute, et dès aujourd'hui je l'oublie entièrement. Tu n'aurais rien gagné parmi les Arabes; une honte éternelle t'y attendait. Chez
nous, chaque jour doublera ta gloire et ensuite tu seras avec les tiens, avec tes amis.
Tu seras heureux, car on ne peut l'être qu'en
·rsstant fidèle à ses premiers serments : je
parlerai de toi à ton capitaine; encore quelques coups de sabre et je te fais nommer ca-
poral; en attendant, tiens voici pour boire à
ma santé.

Et Victor le quitta en lui serrant la main
où il déposa une pièce de monnaie. Le
jeune soldat s'éloigna plein de contentement
et encouragé par les paroles bienveillantes
de celui qui avait accueilli avec tant de bonté
la preuve de son courage. Il alla retrouver
les siens qui dansèrent avec lui autour des
vingt oreilles qu'il leur apporta comme un
trophée et burent à la santé de Victor en
échangeant auprès d'une jolie cantinière sa
pièce de monnaie contre quelques cruches de
bon vin.

Après la prise de Mogador, les troupes françaises goûtèrent en paix le fruit de leur beau triomphe, et les Marocains, découragés, n'osèrent plus tenter de nouveaux combats. Victor profita des jours de repos que lui laissait la cessation des hostilités pour endoctriner ses soldats et les officiers que son grade mettait sous ses ordres. C'était un nouveau gage d'amour qu'il voulait donner à sa patrie, en instruisant de ses sages leçons ceux qui devaient encore la défendre. Il les regardait plus heureux que lui, car, époux et père, il devait rentrer en France aussitôt que la paix semblerait être bien consolidée sur le territoire conquis.

En discourant avec plusieurs officiers sur le gain et les pertes de la dernière bataille, il apprit que l'armée française avait à déplorer le trépas d'un jeune lieutenant, qu'une fatale ardeur avait emporté au milieu des rangs ennemis. Il regretta d'autant plus de voir s'éclipser pour toujours ce beau courage, qu'il l'avait vu briller plusieurs fois : mais, ce qui toucha le plus sa sensibilité, ce fut le désespoir où on lui dit que sa jeune veuve était plongée. Emportée par trop d'amour, elle avait voulu le suivre sur le sol africain, croyant, dans son aveuglement, que sa présence lui servirait de talisman au milieu des batailles; et, maintenant, seule, privée de son noble et cher appui, elle accusait le ciel de cruauté et désirait mourir.

Victor, qui n'était terrible qu'au combat, mais dont le caractère était partout ailleurs humain, compatissant et tendre, désira voir la pauvre éplorée, et se rendit sur-le-champ auprès d'elle, dans l'intention de diminuer l'activité de son désespoir par des paroles consolantes et douces. Il la trouva le visage abattu, l'œil morne et sec, l'égarement dans tous les traits, et dans une attitude qui pouvait faire craindre pour sa raison.

En voyant Victor, elle se mit à sourire, son œil s'anima des rayons du bonheur, elle se leva, lui tendit les bras, et, d'un accent où se peignait la joie d'un doux délire : Tu m'as donc rendu, mon bien-aimé! on m'a donc trompée en me disant que tu étais tombé sous le fer ennemi! O jour de félicité! Viens sur mon sein; que je presse celui que je croyais avoir perdu pour toujours! Eh bien! tu ne viens pas? tu es donc fâchée de me revoir?

La pauvre femme! Trompée par l'uniforme de Victor, elle avait cru voir en lui son époux; et, dans sa douce erreur, elle ouvrait son âme entière au contentement que devait lui inspirer son retour. Mais, au bout de quelques instants, voyant qu'un songe l'abusait, elle allait retomber dans le premier accès de son désespoir, lorsque Victor s'approcha de plus près et employa les plus généreux efforts pour conserver en elle la raison, qui commençait à lui revenir.

Madame, lui dit-il, d'une voix de frère, maîtrisez, si vous le pouvez, une douleur qui pourrait porter à vos jours une atteinte mortelle. Le trépas de votre époux n'est pas encore certain, et de fausses nouvelles, sorties d'un champ de bataille, ont souvent jeté un trouble trompeur dans des cœurs trop crédules. Attendez quelques jours encore, et si votre époux ne vous revient pas, il vous sera permis de verser sur sa mort les larmes d'un juste désespoir ; mais, jusqu'à ce moment, modérez votre peine, ouvrez votre cœur à l'espérance, et comptez encore sur de beaux jours. Le cadavre de celui que vous croyez avoir perdu pour jamais, n'a point été aperçu sur le terrain où il combattait avec moi. Cette raison doit vous laisser un heureux doute sur son sort, et vous faire croire au moins à la douce possibilité de le revoir. Je vous jure d'employer tous mes soins pour arrêter vos convictions sur l'objet qui, aujourd'hui, vous désespère ; mais, en retour, promettez-moi d'imposer silence à vos regrets, autant qu'il sera en votre pouvoir.

Merci ! monsieur, merci ! dit la jeune femme ; je me sens mieux, et vos paroles consolantes ont versé un baume heureux sur la plaie de mon cœur. Il est si doux d'espérer, et vous m'y conviez avec tant de bonté, que, pour vous et pour moi, je veux cesser de me chagriner. Vous l'avouerai-je? votre voix me semble inspirée du ciel, et, depuis votre arrivée dans ce triste réduit, tout m'y paraît changé, et j'y vois tout en beau. O monsieur! remplissez, de grâce, la promesse que vous venez de me faire! Si son résultat est pour moi la cruelle certitude d'un trépas auquel vous me défendez de croire, malgré ma douleur profonde, ma reconnaissance vous sera acquise jusqu'à mon dernier soupir. Si, au contraire, les soins que vous allez prendre, me permettent bientôt de déchirer la robe du veuvage qu'hélas! j'ai déjà préparée, je vous devrai la vie, le bonheur, et, alors, ce ne sera point assez d'une vie entière pour vous payer cet incomparable bienfait.

Au moment où tous deux versaient des larmes d'attendrissement, ils virent paraître un Arabe, couvert de sueur et de poussière. Il tenait une lettre qu'il s'empressa de remettre à la jeune femme, à qui elle était adressée. Voici ce qu'elle contenait :

« MA CHÈRE ET TENDRE ÉPOUSE,

« Blessé dans le dernier combat, et me
« trouvant un peu éloigné des miens, je
« suis tombé, malgré mes efforts, au pouvoir
« des ennemis, qui, depuis ce jour, me gar-
« dent comme prisonnier. Sûr du désespoir
« où ma disparition allait te plonger, je
« maudissais mon sort, plutôt pour toi que
« pour moi-même, lorsque le ciel m'a inspiré
« un expédient, qui doit réussir, si j'en crois
« mon cœur. Par un bonheur extrême, j'a-
« vais dans ma bourse une quantité de
« pièces d'or, qui m'ont servi à corrompre
« un Arabe, déjà fatigué des brutalités que
« chaque jour il endurait chez les siens ; il
« m'a juré, sur Mahomet, de tout braver
« pour arriver jusqu'à toi. Si tu as le bon-
« heur de le voir, cours prier mes chefs de
« lui prêter un renfort, qu'il conduira lui-
« même, pendant la nuit, dans l'endroit

« où l'on me retient prisonnier. Cinq lieues
« me séparent seulement du camp français ;
« vingt-cinq Arabes me gardent sous leur
« surveillance sans le moindre soupçon d'une
« attaque nocturne. Je compte sur ton amour
« et sur ton zèle, et suis dans la plus vive
« attente des libérateurs que mon amie va
« m'envoyer. »

A la lecture de cette lettre, cette épouse
aimante s'évanouit de bonheur. Victor s'empressa de la lire à son tour, donna à la femme
du lieutenant les soins que réclamait sa position ; et, après lui avoir réitéré la promesse
qu'il lui avait déjà faite, il se retira avec
l'Arabe, en lui jurant que, de ce pas il partait lui-même pour la délivrance, du cher
prisonnier.

Victor, suivi du transfuge, alla en toute
hâte trouver ses chefs, et leur apprit l'heureuse nouvelle qu'il venait d'apprendre lui-
même ; et, bientôt, escorté de deux cents bons
soldats, tous dévoués à son service, et qui,
de plus, étaient fiers de participer à une en-

treprise aussi belle, il prit la direction que lui traça l'Arabe. D'après ses calculs, il devait arriver à minuit au lieu indiqué : c'est ce qui s'effectua. Cette heure était la plus favorable à l'exécution de son projet. Les vingt-cinq Arabes, endormis profondément sous une tente, n'étaient point inquiets de leur prisonnier, dont ils avaient lié les membres avec de fortes chaînes; l'imprévoyante sentinelle, dont la sécurité égalait celle de ses compagnons, dormait aussi à la porte de la tente.

Cependant Victor approche. Le captif, qui ne dort pas, a entendu quelques pas légers, et un doux pressentiment lui dit qu'il va bientôt être libre. Leur guide conduit les Français à vingt pas du poste ennemi, et Victor s'avance alors l'épée à la main et commande à ses hommes de croiser la bayonnette.

A l'aspect des vingt-cinq Arabes dormant sans défiance, Victor sourit de pitié, ordonna qu'on s'emparât de la sentinelle, fit partir une balle pour éveiller les dormeurs, les désarma avant qu'ils fussent sortis de la stupeur où ils étaient plongés, et s'empressa ensuite de faire briser les chaînes du prisonnier français.

Puis, reprenant bientôt ce ton de sang-froid et de douceur qui ne le quittait presque jamais :

— Eh bien ! lieutenant, dit-il, vous attendiez-vous à notre visite?.. Les sévères et terribles gardiens que vous aviez là !.. J'ai inutilement dérangé deux cents braves soldats qui ont tous besoin de leur repos... Si j'avais pu comprendre que votre délivrance dépendît de si peu d'efforts, cinq ou six hommes de bonne volonté m'auraient suffi ; mais puisque vous êtes libre, nous sommes tous contents... Ne songeons qu'à nous en réjouir, jusqu'au moment où le jour paraîtra. Aujourd'hui, vous serez auprès d'une épouse qui portait déjà votre deuil ; et, dans ses bras, vous vous indemniserez largement des maux de l'absence : vous serez alors plus heureux que nous. A la vérité, nous avons des lauriers pour reposer notre tête... vous, vous pouvez y joindre des roses : pour moi, je donnerais bien mon oreiller pour le vôtre.

— Merci, commandant, dit le prisonnier. Je suis heureux de vous devoir ma liberté : elle a un double prix à mes yeux... Soyez persuadé que je ne serai vraiment satisfait que lorsque je m'en serai servi, si non pour vous rendre la vôtre, du moins pour défendre vos jours sur le champ de bataille.

— Ne parlons pas de reconnaissance pour une bagatelle, répliqua le commandant. C'est une simple promenade que vos camarades et moi nous venons de faire dans l'intention de vous revoir... Çà ! qu'on enchaîne ces geôliers enfantins, et qu'on les relègue dans le fond de la tente, que dix d'entre nous fassent sentinelle autour de notre réduit, et consacrons le peu d'heures qui nous appartiennent à boire à nos victoires !

Selon l'usage qui se pratique presque toujours dans les expéditions nocturnes, chaque soldat s'était muni d'une petite ration d'eau-de-vie, qui, jointe à quelques provisions de vin qu'avaient heureusement épargnées les vingt-cinq Arabes, fournit à une libation suffisante.

Qu'il était beau de voir nos soldats chanter à petit nombre sur un terrain ennemi, et, en cas d'attaque, ne se fier qu'à leur courage et à leur sang-froid ! Quel spectacle intéressant, de les voir consacrer leurs heures de repos à se raconter leurs triomphes passés, en entremêlant leurs conversations familières sous le doux niveau de la fraternité. Leurs prisonniers dont les yeux effrayés n'appelaient plus le sommeil, les regardaient comme avec stupeur, et leur figure sauvage et sombre, contrastant merveilleusement avec les traits enjoués de leurs vainqueurs, offrait un mélange de rudesse et de civilisation, de férocité et de douceur. Au souvenir des cruautés qu'ils avaient si souvent exercées sur nous, ils s'attendaient à de justes représailles, et, dans leur attitude gênée et suppliante, étaient comme de faibles oiseaux sous les serres des vautours. Victor, qui s'en aperçut, et qui savait parler passablement leur langue, dégagea leurs poitrines du poids qui les accablait. Il leur fit comprendre que s'ils étaient devenus ses prisonniers, il leur serait facile de reconquérir leur liberté, s'ils voulaient enfin s'en servir au profit de la France.

Il ajouta que les Arabes avaient toujours été cruels en dépit de la constante générosité des Français, et que si parfois ces mêmes Français avaient imité malgré eux les Arabes, ils y avaient été poussés par des férocités sans nombre, et par la pénible nécessité de l'exemple. Il termina en leur jurant que, ce jour même, leurs fers étaient brisés, et qu'ils jouiraient de tous les droits de l'homme au sein du camp français, s'ils étaient décidés à abjurer leur fanatisme et à se ranger du côté de ceux qui pouvaient les civiliser et leur donner au moins quelque gloire.

Ces paroles bienveillantes rassurèrent les Arabes, qui voulurent se prosterner en signe de reconnaissance. Le généreux Victor leur épargna cet acte de soumission par un sourire fraternel qu'il leur adressa, et, pour leur prouver toute la confiance qu'il avait dans leurs intentions, il les fit aussitôt délivrer de leurs chaînes, et se contenta de surveiller leurs mouvements.

— Maître, dit alors le plus expérimenté d'entr'eux, nous vous appartenons : faites de nous ce que vous jugerez convenable... Fatigués enfin d'obéir à un joug qui nous pèse depuis longtemps, nous cherchions l'occasion de nous en délivrer : elle se présente enfin. Acceptez-nous pour vos fidèles esclaves, ou pour vos zélés compagnons d'armes, et rappelez-vous que l'orgueil seul ou les fausses doctrines qu'on nous prêche ont pu retenir l'élan de notre admiration pour votre supériorité incontestable et la facilité avec laquelle vous triomphez des obstacles les plus invincibles !...

— Mais, voilà de beaux sentiments, dit Victor, s'ils sont exprimés avec franchise. Ma foi, mes amis, je ne m'attendais pas à un double triomphe : nous arrivons ici pour délivrer notre cher lieutenant : nous réussissons à merveille... Et quand nous croyons rencontrer dans les personnes de ses gardiens d'obscurs prisonniers, chez qui croît toujours le germe de la rébellion, nous avons à faire à des gens disposés à nous défendre, et qui brûlent de servir sous nos drapeaux. Pour mon propre compte, je me trouve heureux d'avoir fait partie de cette petite expédition... Vive un combat où l'on triomphe sans répandre le sang, et où, au lieu de lourds bagages, les profits de la victoire sont quelques amis de plus pour la France... O mon pays, que je suis si fier de servir, à cette heure même, je te fais offrande de ces vingt-cinq Arabes. S'ils n'ont point trompé ma sincérité et ma confiance, si leurs cœurs ont parlé avec vérité, c'est le plus bel encens que je puisse t'offrir et que tu préfères sans doute à la vapeur du carnage et à des monceaux de cadavres.

Cependant le jour commençait à paraître; Victor annonça le signal du départ, se mit à la tête des deux cents hommes qu'on lui avait confiés, plaça pardevant les vingt-cinq Arabes commandés par le lieutenant qu'ils avaient fait prisonnier, et dans cet ordre, ils se dirigèrent vers le camp français.

A leur arrivée, on battit des mains en signe de victoire; mais un sentiment plus agréable encore anima tous les spectateurs, lorsqu'on apprit que ceux qu'on regardait comme des prisonniers étaient des soldats désormais dévoués à la France, et qui venaient en frères se ranger sous la même bannière. De nouvelles acclamations se firent entendre pour fêter l'heureux retour de Victor. On ne pouvait se lasser d'admirer cet homme courageux, qui, chaque jour, se distinguait par quelque belle action, et donnait à toute l'armée l'exemple du courage et de la discipline militaire. On félicita, à son tour, le lieutenant de sa délivrance. Quant aux vingt-cinq Arabes, ils furent reçus avec un empressement plein de bonne foi.

Victor se déroba aux éloges qui lui arrivaient de toute part; car sa tâche n'était pas entièrement remplie. Il lui restait encore à combler les plus chers désirs d'une épouse en pleurs, à qui il avait promis de tout faire pour avoir des nouvelles certaines sur le sort de son mari. Il prit le lieutenant par le bras et se dirigea en toute hâte vers la demeure où l'amour en pleurs les attendait,

Pour empêcher, dans un cœur déjà irrité par le désespoir, l'excès d'une trop grande joie, il entra le premier, s'approcha de la pauvre femme, et fit briller dans ses yeux l'expression du contentement. A sa vue, la tendre épouse reste sans voix, et attend avec impatience sa sentence de mort ou son rappel à la vie. Elle n'ose point questionner le commandant, tant son âme déjà brisée redoute une funeste nouvelle.

Victor, la regardant avec un doux sourire:

— Calmez-vous, lui dit-il, et espérez tout du ciel, que votre candeur n'a jamais irrité. Votre époux peut vous être rendu : j'ai eu sur lui des renseignements qui me rassurent sur son destin.

— Quoi ! je ne le verrai donc pas aujourd'hui? s'écria l'épouse craintive. Après une aussi longue absence, je ne pourrai donc pas encore le presser dans mes bras ?... Oh! de grâce, monsieur, fixez mes idées dont le vague m'oppresse; et si je dois être pour toujours privée de mon bien-aimé, ne me cachez pas cette horrible vérité... Je vous promets que j'aurai le courage de la supporter...

Cette résignation fit comprendre à Victor qu'il n'y avait aucune imprudence à lui apprendre toute l'étendue de son bonheur.

— Eh bien, madame, s'écria-t-il avec une joie extrême, bénissez ce ciel dont je vous avais promis la bonté : votre époux respire! Vous le reverrez... que dis-je! vous allez le revoir...

Le lieutenant, qui attendait à la porte avec la plus vive impatience, entra tout en délire, et vint se précipiter dans les bras de son épouse chérie, qui, trop faible pour soutenir tant de félicité, allait s'évanouir, sans de prompts secours qu'on lui administra. Alors, contemplant l'objet adoré qu'elle croyait avoir perdu pour toujours, elle ne pouvait se lasser de l'admirer, de l'embrasser, de l'inonder de ses pleurs d'amour, et de solliciter à son tour ses baisers et ses caresses.

— Es-tu content de me revoir ? lui disait-elle d'une voix angélique ; éprouves-tu quelque bonheur à caresser celle qui t'a tant pleuré, et qui mourrait aujourd'hui de bonheur, si elle ne devait pas vivre pour t'aimer encore ?..

Après que l'excès de sa grande joie eut été un peu calmé :

— Enfant, lui dit le lieutenant, tu me demandes si je suis heureux de te revoir... Crois que c'est le plus beau jour de ma vie ! que jamais mon bonheur n'a été si grand ; mais, avant de nous livrer aux charmes de la félicité la plus pure, n'oublions pas, mon amie, le devoir sacré que nous avons à remplir : voici mon libérateur. C'est lui qui est venu cette nuit briser mes fers et plonger dans les nôtres ceux qui m'avaient privé de toi... Cela vaut-il un remerciement? et n'est-ce pas par cet acte de justice que nous devons commencer une journée aussi belle?..

— Monsieur, dit alors l'épouse attendrie, pardonnez-moi, si l'élan de mon premier transport n'a pas été pour vous, et excusez l'ingratitude d'une pauvre femme qu'aveuglait tant de douleur et d'amour... Mon cœur n'a pas d'abord connu de libérateur dans un sentiment rapide qui excluait toute autre personne que celle de mon époux... Mais, en ce moment où ma faible raison revient, où mes sens commencent à s'habituer au bonheur, je vois que c'est vous par qui j'aurais dû commencer. Aussi, j'implore votre pardon et me résigne de bon cœur à tous les justes reproches que vous pourrez m'adresser.

Victor, dont la discrétion était sans bornes, et qui ne voulait point gêner par sa présence deux époux si heureux de se revoir, dit, avec un accent pénétré :

— C'est trop de bonté, madame, que de vouloir m'attribuer un mérite que je n'ai pas, et de me croire digne de tant d'éloges, lorsque je n'ai fait qu'accomplir un devoir que tout autre eût été fier de remplir à ma place. Si ces éloges ne partaient pas de votre bouche jolie, je les refuserais; mais, en vrai Français, je garde tout ce qui me vient de la beauté... Je n'ai rien fait de méritoire pour moi aujourd'hui; mais je suis heureux d'avoir rendu un brave officier à la patrie, et l'époux le plus tendre à l'épouse la plus digne d'être aimée... Je vous laisse à un bonheur que j'envie, et qui sera bientôt le mien, et, en m'éloignant de vous aujourd'hui, j'implore le doux honneur de revoir, une fois encore, celle que je suis fier d'avoir rendue si heureuse !...

En achevant ces mots, Victor se retira profondément attendri de ce qu'il venait de voir, et laissa l'amour savourer en paix des délices qu'il croyait ne plus goûter. Pour arriver au camp, il prit le chemin le plus long pour avoir le temps de se livrer en silence aux tendres réflexions que cette scène attendrissante venait de lui suggérer. Jamais peut-être depuis plusieurs mois d'absence, il n'avait tant désiré revoir son épouse; jamais son cœur n'avait éprouvé un aussi grand besoin d'amour. Aussi, satisfait de voir l'armée française jouir des douceurs de la paix, et voyant qu'elle pouvait facilement se passer des faibles services de son épée, il résolut d'ajourner le moins possible son départ pour la France. La résignation qu'avait déployée son épouse ne le rassurait pas sur sa douleur présente ; et puis, dans son imagination, il se peignait son petit Ferdinand lui tendant les bras et appelant ses baisers. Lorsqu'un bon père a goûté une fois ces caresses il lui est impossible de s'en priver volontiers, quand il a la possibilité d'en jouir encore. Ce qui ensuite pouvait l'empêcher de se croire ingrat envers la patrie, en quittant une seconde fois son drapeau chéri, c'est qu'il avait accompli son serment, et qu'il avait acquis l'estime et l'amitié de toute l'armée. Cette pensée le rassurait sur ces généreux scrupules, et le fortifiait dans la résolution où il était de revoir promptement ses foyers.

France ! pourrais-tu blâmer Victor de vouloir revoler vers l'amour, lorsqu'il a tant courtisé la gloire ?.. Pourrais-tu lui faire un crime de se rappeler qu'il est époux et père, lorsqu'il n'a pas oublié ce qu'il t'avait juré, et qu'il l'a accompli avec tant de prodigalité?.. Oh! non, tu respectes trop son courage et l'ardeur qu'il a déployée pour la défense de tes intérêts sacrés, tu te souviens trop bien des nobles services qu'il t'a rendus pour exiger qu'il ajoute des sacrifices nouveaux à ceux qu'il a imposés à son cœur pour toi.

Cours, Victor, dans les bras de l'amour. La victoire dont tu es le bien-aimé, pleurera sans doute ton départ; tes braves compagnons d'armes, privés de toi et de tes vertus, pleureront sans doute aussi en te voyant t'éloigner; mais leurs larmes seront encore une gloire pour toi, comme elles seront aussi le plus grand éloge qu'on puisse faire de tes qualités militaires et de ton bon cœur. Ils savent que le repos t'est dû, que tu l'as gagné par cent exploits divers, et que, malgré tous les liens d'amour qui bientôt t'attacheront loin d'eux, ils ne tarderaient pas à te revoir, si la patrie en alarmes réclamait encore l'appui de ton bras... Oui, vole où l'amour t'appelle : un homme tel que toi sera toujours utile à son pays; car tu vas devenir bientôt le guerrier qui dépose ses armes pour devenir le moraliste de l'humanité.

Victor, en se livrant tout entier aux douces pensées qui l'agitaient, arriva insensiblement au milieu de l'armée. Il y rencontra d'abord les vingt-cinq Arabes dont il s'était fait des amis, et qui, en le revoyant, lui exprimèrent aussi bien qu'ils purent leur reconnaissance et leur dévoûment. Il profita de cette circonstance pour leur donner encore quelques sages conseils, et consolider leur fidélité promise par les paroles les plus engageantes. Il leur fit entrevoir les beaux destins qui les attendaient et l'heureux échange qu'ils venaient de faire de leur honteux esclavage contre une liberté honorable et environnée de gloire. Il leur expliqua enfin qu'ils abandonnaient la misère pour jouir d'une abondante prospérité, et qu'ils allaient changer de nature, et devenir hommes au milieu de leurs nouveaux frères, instruits à l'école de l'humanité et de la civilisation.

C'est ainsi que Victor, chaque jour et à chaque instant, rendait, par son épée ou par ses discours, quelque service à son pays, et laissait en tous lieux, les traces honorables de ses vertus

Mais avant de partir pour la France, il devait encore donner à l'armée une preuve admirable de son bon cœur et de l'influence qu'exerçait, même sur la loi militaire, le respect et l'amitié que ses chefs eux-mêmes avaient pour lui.

Un jeune sergent, né avec un caractère bouillant et impétueux, et qui, dans la dernière bataille, s'était fait distinguer par sa bravoure, s'était laissé aller, on ne sait comment, à un acte violent d'insubordination. Une faute aussi grave qui, en tout temps, appelle sur le coupable les rigueurs de la loi, semble le rendre plus criminel encore en temps de guerre où la soumission et l'obéissance sont le seul garant de la discipline militaire, et souvent assurent le succès d'un combat. Ce sergent, malgré ses bons antécédents et le repentir sincère dont il semblait être pénétré, fut traduit devant un conseil de guerre présidé par un juge sévère, mais dont heureusement faisait partie le commandant Victor. On ouvre la séance, et l'accusé est introduit et placé près de son défenseur, dont l'attitude embarrassée prouve la connaissance qu'il a de la gravité du crime en faveur duquel il est appelé à plaider. On fait lecture de l'acte d'accusation; on entend les témoins ; le sergent-major, porteur de la plainte, et ensuite, l'avocat de l'accusé , qui emploie tous les moyens oratoires et les plus chaudes inspirations du cœur pour sauver le malheureux, que l'œil sévère de ses juges a déjà condamné. L'accusateur public se fait entendre à son tour il est terrible dans ses réfutations, et, ne trouvant dans la cause aucune circonstance atténuante, il démontre, d'une manière hélas ! trop claire, l'utilité, l'urgence d'atteindre, avec la dernière sévérité, un crime dont le pardon peut devenir si nuisible à la garantie de la subordination : il finit enfin en appelant sur l'accusé la peine capitale.

Tout l'auditoire est consterné ; chacun se regarde avec stupeur et n'attend rien de la clémence des juges.

Victor qui, jusqu'au bout, veut justifier son titre de père de tous les soldats, se sent ému d'une vive pitié en faveur du jeune sergent.

Il le voit sans doute bien coupable ; mais, d'un autre côté, il connaît le cœur humain, et sait qu'un bon soldat, à qui même la discipline est chère, peut, dans un mouvement involontaire d'exaltation, outrager, frapper même un supérieur qu'il aime. Il se lève, demande la parole, et, d'une voix qui attire tous les regards de l'auditoire :

— Messieurs, dit-il, nous sommes appelés à juger un grand coupable, et je ne vois rien qui puisse nous faire excuser son crime. A mon avis, la loi ne saurait jamais être trop sévère pour punir une pareille insubordination. Mais, avouons-le, si nous devons nous faire un honneur d'avoir été choisis pour être en ce jour les organes de la loi, d'un autre côté, nous devons regarder cette tâche comme bien pénible ; en effet, c'est au moment où nos chants de victoire s'élèvent jusqu'aux cieux, où nos ennemis sont vaincus et maîtrisés, où le moindre de nos soldats a des droits à nos éloges, où même l'accusé qui pleure devant nous de repentir, mérite nos félicitations pour son glorieux passé, c'est en ce moment qu'il nous faut prononcer un arrêt de mort contre un Français, et inonder de notre sang les trophées de nos victoires.

Puis, changeant de voix, et prenant un ton de vivacité qui va frapper tous les cœurs :

— Jeune homme, dit-il, qui donc a pu vous pousser au crime que vous avez osé commettre? Est-ce là la conduite d'un soldat français? Parlez, et dites-nous si vous méritez la moindre indulgence... Que deviendrait notre armée, si nos soldats imitaient votre funeste exemple? leurs chefs n'auraient plus de pouvoir, de voix, d'autorité, et la discipline militaire serait bientôt une fable. Ah! dites-nous plutôt qu'un fatal vertige vous aveuglait, qu'un bandeau trompeur couvrait vos yeux; dites-nous enfin, et c'est peut-être vrai, que, dans votre exaltation, vous avez pris pour un Arabe celui que vous avez si indignement outragé; alors, nous croirons que l'honneur est encore votre guide; alors, sans que la loi en gémisse, nous pourrons jeter sur vous des yeux indulgents. Rendez grâce à la bravoure brillante dont vous avez déjà fait preuve, et à la reconnaissance que garde toujours la patrie pour ceux qui l'ont vaillamment défendue;

car, sans cela, vous ne mériteriez que notre mépris, et le juste châtiment dû à votre crime.

Et vous, messieurs, dont je vais déserter bientôt les rangs glorieux, ne partagerez-vous pas ma pitié dont pourtant l'accusé est indigne? Ne me laisserez - vous pas emporter en France ce gage insigne de votre honorable amitié? Oh! je vous en conjure par les travaux que nous avons accomplis ensemble, et par le peu que j'ai fait pour essayer de me rendre digne de vous. Soyez injustes aujourd'hui en vous rendant humains: oubliez l'erreur d'un jeune homme qui, j'en suis sûr, ne sera point ingrat, et se vengera sur nos ennemis de la honte dont il se voit couvert aujourd'hui ; il vous doit de nombreuses preuves de courage et de subordination pour vous faire oublier ses torts. Mais j'ai la douce confiance que bientôt il aura acquitté sa dette, et que si son front porte aujourd'hui l'empreinte de son crime, elle s'effacera dans peu sous la couronne de lauriers dont il parera sa tête au premier combat.

En finissant, Victor adressa au conseil un regard qui acheva de l'attendrir.

L'accusé pleurait : son accusateur pleurait aussi, et tout l'auditoire éprouvait l'émotion la plus grande.

Les juges ne purent résister à l'éloquence de Victor et à la gratitude qu'on devait à ses glorieux services, et ce fut un triomphe de plus qu'on lui fit encore remporter ; car le coupable fut pardonné, après avoir entendu quelques paroles du président, qui tendaient à lui faire comprendre combien désormais sa conduite devait être exemplaire.

Chacun sortit de la salle du conseil, satis-fait de voir le coupable en liberté, mais plus émerveillé encore de la belle conduite qu'avait tenue le commandant, et des expressions ingé-nieuses et touchantes dont il avait coloré les torts du jeune sergent.

Victor touchait au jour de son départ. L'ar-mée allait bientôt être privée de lui ; tous ses chefs, qui, comme nous l'avons déjà dit, conservaient pour lui une admiration mêlée de respect, voulurent, avant d'être séparés de lui, proférer tout haut ce sentiment que par-tageait l'armée entière ; il fut décidé à l'una-nimité que le corps des officiers lui offrirait un

9*

banquet d'honneur. Vainement la modestie de Victor voulut s'en défendre ; les instances les plus vives la réduisirent au silence, et, au jour convenu, qui était la veille de son départ, l'illustre commandant se vit entouré de mille cœurs empressés de lui rendre hommage.

Ce fut un spectacle imposant de voir à cette fête solennelle des grades supérieurs se subordonner au sien et oublier leur propre gloire pour n'exalter que la sienne : Victor, accablé sous tant de félicitations, était encore plus éloquent dans son silence, et les larmes de joie qui partaient de ses yeux valaient mieux que tous les discours que sa reconnaissance aurait pu lui inspirer.

Pour rendre la cérémonie digne de celui qui en était l'objet, on imagina l'expédient le plus flatteur et le plus juste tout à la fois : on récapitula à peu près toutes les belles actions qui avaient honoré sa vie militaire, et chaque officier, qui se levait pour lui porter une santé, préludait par le récit d'une d'elles, et ce récit était suivi d'un air belliqueux, qui mettait les convives dans l'illusion la plus parfaite.

C'est ainsi que l'heureux Victor entendit,

en abrégé, l'histoire de sa belle vie, et vit, pour ainsi dire, retracer à ses yeux des combats dont il regrettait déjà de quitter l'arène.

Le croira-t-on ? Il aurait presque voulu n'avoir ni épouse, ni enfant... Dans ce sublime moment d'extase, il croyait voir des bataillons es déployer dans la plaine ; il voyait les ennemis vaincus, la France victorieuse ; et la gloire, planant sur nos soldats, verser sur leurs fronts les couronnes dues à la vaillance.

Que de magnifiques pensées enfante l'amour de la patrie! Comme ce saint amour élève le cœur et grandit l'âme, et combien celui qui en est inspiré brave les plus grands obstacles lorsqu'au terme de la carrière brillo à ses yeux la palme des héros..... Amour sacré ! enflamme toujours nos soldats... Brûlés de ton feu divin, ils seront toujours libres. et les ennemis fuiront sans cesse devant leurs pas.

Au milieu de cette fête, Victor pouvait à peine contenir son délire. Pourtant, jaloux d'adresser ses tristes adieux à ceux qui lui témoignaient une amitié si vive, il se leva, et prononça ces paroles touchantes au milieu du plus profond silence.

— Accablé d'honneurs dont vous vous dépouillez pour me les offrir, je reste presque sans voix, messieurs, lorsqu'il s'agit de vous en exprimer toute ma reconnaissance; et, j'en atteste le ciel, je n'aurais jamais pensé que mes faibles services pussent m'attirer en ce jour un si honorable dévouement. Si pourtant je l'accepte, c'est que je le regarde comme un gage d'amitié rendu à l'amitié que mon cœur gardera toujours pour vous. Pourquoi donc faut-il que ce cœur, qu'inonde en ce moment la joie, soit traversé par un trait qui empoisonne sa félicité? Pourquoi faut-il qu'une nécessité douce et cruelle me sépare de mes frères, m'arrache de ces affections qui me sont si chères?.. J'obéirai à cette loi, messieurs : la nature me l'ordonne et me dit tout bas qu'elle passe avant la gloire et l'amitié. Mais soyez convaincus que ma pensée restera toujours auprès de vous. Quoique éloigné, j'assisterai à vos batailles, je me battrai à vos côtés, et je verrai les ennemis pâlir devant notre courage... Quand je parle de batailles, c'est alors que je comprends beaucoup mieux combien l'amitié seule vous inspire aujourd'hui, et non le mérite d'un pauvre commandant, qui, pour tout titre, a l'orgueil de dire qu'il a fait constamment son devoir. Auriez-vous besoin de mon faible bras, vous que j'ai toujours vus invincibles et pour qui une victoire est un jeu?... Regretteriez-vous le secours de mon épée, vous dont chaque coup est mortel. Oh! non; vous ne perdez qu'un simple ami : mais cette qualité fait mon orgueil... Adieu, chers compagnons d'armes! adieu, gloire! Je vous quitte ; mais je vais dans nos foyers, raconter nos beaux exploits; et si jamais vous me prouvez que Victor manque à vos succès, et qu'il faut un bòn Français de plus pour fixer la victoire , votre ami répondra à votre appel ; son épée et son cœur vous appartiennent.

Ce discours improvisé produisit l'effet le beau. Tous y applaudirent avec l'enthousiasme le plus profond ; et cet accord unanime fut une ivresse de plus pour l'âme de Victor.

Le président du banquet, voulant, à son tour , répondre aux généreux sentiments que le commandant venait d'exprimer, se leva en étalant aux yeux de tous une émotion visible.

— Messieurs, dit-il, si je suis honoré d'être en ce beau jour votre interprète, j'en comprends toute la difficulté; car notre cher commandant a résumé en peu de mots tout ce que nous inspire sa personne, et les vifs regrets que va susciter en nous son départ. Les paroles qu'il vient de nous adresser, nous ont donné, si c'est possible, une idée plus juste encore de son mérite; car son cœur était sur ses lèvres, son âme était dans ses yeux, ses nobles principes dans ses discours. Je vous demande alors si sa modestie a droit de se plaindre de notre exagération; et si nous ne sommes pas au-dessous des éloges que nous lui devons.

— Non, commandant, nous ne nous sommes point trompés en vous appelant un des plus braves capitaines de notre armée, et nous vous donnerons un démenti formel toutes les fois que vous refuserez ce juste titre, et que, par trop de désintéressement, vous arracherez de votre front des lauriers que vos exploits et la patrie vous donnent. Retournez en

France : vous méritez de la revoir ; devancez-nous dans ce beau pays où nous avons tous vu le jour, et instruisez nos enfants à nous imiter un jour. Vous nous laissez, en nous quittant, de nobles exemples à suivre ; votre nom est gravé dans tous nos cœurs; vos exploits sont marqués sur chaque champ de bataille; et, pour finir par le trait qui vous honore le plus : les Arabes sont effrayés de vous, vous maudissent et vous apercevront encore dans la mêlée quand vous n'y serez plus. Selon vos vœux, tout en vous décernant le brevet de commandant que nous avons tous mouillé de nos larmes, nous allons vous donner pour remplaçant dans l'armée celui que vous avez choisi vous-même ; s'il mérite cet honneur, nous sommes convaincus, d'un autre côté, qu'il saura le comprendre, et qu'appelé à tenir votre place, il vous représentera toujours dignement. Approchez, commandant, que je vous embrasse au nom de l'armée entière : si nous connaissons bien votre cœur, c'est l'hommage auquel il sera le plus sensible !

Victor, oppressé de joie, s'approcha du

président, en reçut le plus doux gage d'amitié;
et la cérémonie se termina par ces cris cent
fois répétés :

— Vive le commandant Victor! honneur à
sa bravoure !

Et ces cris furent suivis d'une musique
harmonieuse, qui acheva d'électriser tous
les cœurs, et de rendre cette journée aussi
douce et aussi belle qu'un jour de victoire.

Ainsi se termina ce banquet offert par
l'amitié et le courage au courage et à l'amitié.
Les camarades de Victor ne voulurent point
le quitter, disant pour raison qu'il leur ap-
partenait jusqu'au moment où il mettrait le
pied sur le fatal navire qui devait le dérober
à leurs yeux. Victor obéit sans violence aux
lois de la douce amitié, et, jusqu'au moment
de son départ, passa encore bien des heures de
bonheur.

Le lendemain, jour fatal pour son cœur, il
témoigna le désir de passer en revue les soldats qu'il avait sous ses ordres : cette
faveur lui fut accordée. Ce fut, pour lui, un
moment bien pénible, et des larmes involon-

taires coulèrent de ses yeux. Sa sensibilité, sa tendresse de père se communiqua comme un aimant aux cœurs de ceux à qui il faisait ses adieux : comme lui, tous versèrent des larmes, et crurent perdre avec lui leur bouclier et leur guide.

Lorsqu'il eut adressé à chacun d'eux quelques paroles où se peignaient son amitié et ses regrets, il allait s'éloigner, lorsque le plus ancien d'entr'eux s'approcha de lui, lui porta les armes en sanglotant, et lui dit à voix basse :

— Tenez, commandant, voici ce que nous vous offrons en ce moment suprême.... Ce gage de notre amour est bien faible, sans doute ; mais il vous rappellera, du moins, les sentiments que vous nous avez inspirés, et la douleur que nous fait éprouver votre départ...

Victor ouvrit avec impatience la petite boîte qui renfermait le don précieux de l'amitié, et ses yeux aperçurent une bague surmontée d'un riche diamant. On lisait autour ces simples paroles : *A notre bon, à notre brave commandant.*

— Merci ! merci ! mes chers enfants , dit Victor, hors de lui-même ; merci pour tant de bonté... Je garderai à jamais ce doux gage de votre sincère affection ; et, en le portant et le regardant chaque jour, je croirai vous voir encore... Je ne vous quitte pas peut-être pour toujours ; car les ennemis de la patrie ne sont pas encore tous tombés sous nos coups... Servez-la toujours avec le même courage et la même fidélité... C'est la plus ferme preuve d'amitié que vous puissiez jamais me donner... Ne cessez jamais d'être frères... l'union fait la force et donne la victoire... Au revoir, mes amis ! Je vous presse tous sur mon sein...

Et Victor s'éloigna, le cœur plein des vives émotions qu'il avait ressenties; et, tournant la tête par intervalle, pour revoir encore tous les amis qu'il quittait peut-être pour toujours. Suivi d'un grand nombre d'officiers, il se dirigea vers le rivage où l'attendait le navire, embrassa de nouveau ses compagnons d'armes, et disparut bientôt sur la vague écumante.

Vole , Victor, vole maintenant vers l'asile

où sont tes amours.... Vole où un bonheur plus doux t'attend... La gloire a sans doute ses charmes, ses voluptés qui transportent l'âme : les fleurs dont elle nous couronne ont un parfum bien suave; mais rien n'égale sur terre les douceurs de l'amour, lorsqu'après une longue absence, il réunit deux cœurs qui sont faits l'un pour l'autre. L'amour a quelque fois ses nuits de tristesse; mais la gloire a sans cesse ses jours de deuil, et toujours la pitié qu'inspire les vaincus vient empoisonner la joie qu'éprouvent les vainqueurs.

Victor, après un trajet rapide, et qui pourtant lui parut bien long, arriva au terme de ses plus chères espérances. Nous laissons à juger au lecteur l'ivresse où furent plongés les deux époux, en se revoyant. L'oreille la plus subtile n'aurait pas pu sans doute compter les baisers qu'ils se donnèrent, et le cœur le plus amoureux aurait peine à comprendre le bonheur qui inonda leur âme. Dans la première nuit du retour, rien ne vint interrompre leur félicité, pas même les cris du petit Ferdinand, qui, sans doute, dormait paisiblement dans son berceau, fatigué par les caresses qu'il avait dû recevoir de son père, qui depuis si longtemps désirait le revoir.

Puisse tout Français imiter la noble conduite de Victor, et la patrie heureuse pourra compter sur l'appui de ses enfants. Tous peuvent aspirer à la gloire de ce brave soldat : car la gloire est faite pour tous; et dans les derniers rangs de l'armée, l'amour de la patrie a toujours enfanté des héros : pour le devenir, il faut seulement se rappeler qu'on est Français, et ne pas oublier les trophées immortels que nous devons à la vaillance de nos pères.

Victor les eut sans cesse devant les yeux. Imitons-le, et nous serons victorieux comme lui.

FIN.

Imp. de Pommeret et Moreau, quai des Augustins, 17.

9 782329 734293